COLLABORATIVE
PARENTING

樂律

合作式教養

讓孩子參與
「設計」生活規則

缺乏耐心、威權逼壓、偷窺隱私，
不要透過「想像」進行對話，
每一次的干涉都可能毀滅他！

當幼兒吃飯龜速、洗澡也抗拒，不妨提供「選擇題」
不要對著缺點大驚小怪，一味數落只會加強叛逆心理
尊重孩子天馬行空的想像，切忌提早給「標準答案」

金文 著

平衡愛與規範之道，化解教養常見難題；
改變兒童負面行為，先從導正家長迷思做起！

目錄

第一章　牴觸的根源：找到問題的起點 ………… 005

第二章　規矩的力量：教養的無形支柱 ………… 047

第三章　從「壞」到「好」：逃學生的蛻變之路 ……089

第四章　自愛的起點：規矩中的自由與安全感 … 127

第五章　人格養成：規矩下的責任與成長 ……… 159

第六章　讚美與批評：父母的正確態度 ………… 195

目錄

第一章
牴觸的根源：找到問題的起點

—— 孩子不聽話是因為家長做錯了最重要的幾步

第一章　牴觸的根源：找到問題的起點

錯誤 1：不同年齡，同一對策

著名教育專家魏書生說過：「走入孩子的心靈世界中，你會發現那是一個廣闊而又迷人的新天地，許多百思不得其解的教育難題都會在那裡找到答案。」但現實生活中，別說是走進孩子的內心，了解孩子的想法，就是走到孩子的身邊，孩子都會十分地牴觸。無數家長為此憂心忡忡，家裡不時充滿吵嚷和斥責聲，「火藥味」愈發濃烈……

靜下心來，很多家長都會發現自己有這樣的疑惑：孩子和同學、朋友甚至網友都能侃侃而談，唯獨對父母惜字如金。一旦問得多一些，孩子就會表現出不耐煩。很多家長都有這樣的感慨：不知道孩子在想什麼，明明孩子近在眼前，卻彷彿遠在天邊。這些家長急於想知道孩子的所思所想，但無奈孩子壓根就不開口。

那麼，現在的孩子心裡究竟在想些什麼呢？他們一些行為的動機和根源到底是什麼？我們要如何面對這些孩子的行為？如何才能打開那扇封閉在自己與孩子之間的大門？耶魯大學葛塞爾兒童發展研究所追蹤研究上千名孩子40多年，繪製出1～18歲兒童行為變化與發展量表，他們的研究成果也許能告訴你答案。

1～2歲的孩子：
「不」字打頭，任性固執，占有欲強

　　這個時期的孩子好奇心非常強，凡事都想去試一試，常常「不」字當頭、亂發脾氣、一意孤行。由於年齡還小，不懂得表達，因此出現這些「叛逆」行為也就不足為奇了。這個時候，陪伴是最重要的，要接納孩子，把孩子的很多「壞行為」理解成孩子探索、學習的求知行為。

　　比如：你教孩子搭積木，他完全不理你，不聽也不看，自己悶頭一遍遍地把積木堆高，推倒，重疊，再推倒。這時，你應該把他的行為理解為，他現在對「造汽車」、「建房子」等積木的常規玩法不感興趣，而對積木倒塌時的現象充滿了好奇，他在思索推與倒之間的關係。

　　對待這麼小的孩子，管教技巧以繞道和引導為主，設法滿足他們的心理需求。安全第一，但是不要告訴孩子「這不准玩」、「那不許碰」……應該把該鎖的東西鎖好，該收的東西收起來，為孩子創造一個安全、舒適的家庭環境，讓孩子的自由天性得到充分的發揮。

　　很多家長都有這樣的體驗：對於一些孩子很喜歡的東西，即便他們不經常玩或者平時壓根不會看一眼，如果有其他小朋友來到家裡想拿來玩耍，孩子也會表現出拒絕，很生氣地說：「這是我的！這是我的！」

第一章　牴觸的根源：找到問題的起點

　　另外，如果父母考慮要一個小弟弟或小妹妹，孩子馬上就會表現出不同意的意思——我不要弟弟妹妹，他們會搶走我的爸爸媽媽。孩子吃飯時，把最喜歡的食物往自己碗裡夾，孩子把最喜歡吃的糖果很小心地藏起來，這些都是占有欲的表現。

　　孩子的占有欲與生俱來，是一種正常心理，父母不必過於著急，也不必強制孩子必須與他人分享，而是應該多與孩子溝通，找一些合適的機會引導孩子，讓他懂得分享的快樂。

　　比如：當小朋友把玩具給他玩了，你就問他：「你拿到玩具開心嗎？」當孩子回答開心，你就可以對他進一步地引導：「當你把玩具或食物分享給別人，他們也會很開心的。」這樣不厭其煩地講給孩子聽，孩子在做了一次之後，慢慢就會體會到分享的快樂，懂得分享。

　　另外，父母在和孩子進行溝通時，還應採取接納孩子情緒的方式。比如：對於不喜歡小弟弟、小妹妹的孩子來說，可以這樣跟他交流：「在我看來，你對弟弟妹妹有兩種感受。有的時候，你喜歡自己的弟弟妹妹，因為他／她的確很可愛。有的時候，你不喜歡他／她，你希望他／她走開。」如此一來，孩子就會逐漸地喜歡上自己的弟弟或妹妹。

錯誤 1：不同年齡，同一對策

3～5 歲的孩子：
友善平靜，易於接受也樂於分享

孩子從 3 歲開始，強硬態度逐漸減少，懂得分享，依賴感增強。他開始感受到自己的成長以及能力的提升，情緒快樂而穩定。許多孩子在這個年齡層都有他想像中的朋友，這些朋友有的是人，有的是動物。

4 歲，是孩子的語言表達能力飛速變化的一年，他們經常開口閉口都是「屎尿屁」之類的話。喜新厭舊，充滿了變幻莫測的想像力，開始學會討價還價。對這個時期的孩子而言，一天中最高興的事情就是在睡前能聽父母講一些小故事。

5 歲的孩子開朗而愉悅，懂事了，講理了，這一年是親子關係最親暱融洽的一年！孩子的意志力逐漸增強，開始體驗自己與別人的關係。與此同時，5 歲的孩子自然而然變得懂規矩、有節制了，他喜歡遵守既定的規則、限制，讓每一位當媽媽的都感到格外貼心，所以這個年齡層也非常適合父母對孩子立規矩，孩子也能很好地遵守。更有趣的是，戀母情結也會在這個時候出現。

第一章　牴觸的根源：找到問題的起點

> 6～9歲的孩子：
> 沉靜而敏感，情緒不穩定，獨立且執著

　　6歲的孩子，是一個小小的矛盾體，能同時在「很乖」和「很叛逆」兩個極端遊走。處於很容易受到傷害的敏感期，自尊心強，爭強好勝，無法面對失敗。「別人的東西不可以拿」的觀念還沒有形成，因此順手拿走自己喜歡的東西是正常現象。

　　7歲是孩子建立自信心的關鍵期，這個時期孩子非常敏感，開始在意別人的評價，以及自己在家庭中的地位和價值。情緒不穩定，容易衝動，自制力不強。父母要隨時關注孩子心態的變化，多鼓勵、肯定孩子。

　　8歲的孩子外向而活躍，渴望別人的認可和誇獎，對別人的批評非常敏感，很容易受傷。從情感上來說，是最需要媽媽的階段，他非常需要媽媽分享他的思考、幻想、對話和遊戲。所以，建議媽媽盡量多抽出點時間來陪伴孩子。

　　9歲的孩子開始慢慢擺脫對媽媽的依戀，更加獨立，做事也更認真、更有規劃。這個年齡層的孩子開始排斥異性，因為身體開始出現一些青春期早期的生理變化，比如女孩的乳房開始發育，男孩開始長出陰毛，孩子在潛意識裡不願意讓他人發現自己身體的變化，所以，更重視兄弟情誼或者姐妹之情，而對於異性小朋友則表現出強烈的鄙夷。

10～12 歲的孩子：
懂事了，可以自得其樂

10 歲的孩子善良、平和，愛父母、愛長輩，但是依然排斥異性。他們開始有自己的小小生活圈，有自己的朋友，不再像小時候一樣黏著家長。

11 歲的孩子逐漸擺脫兒童的影子，進入成人的世界，獨立意識增強，出現叛逆的苗頭，喜歡和父母唱反調。但是在外面，他們是彬彬有禮、開朗樂觀的孩子。

12 歲的孩子自信獨立、陽光沉穩、善解人意，這是一個讓人放心的年齡。異性之間不再排斥，同時興趣廣泛，偏愛集體活動。

13～15 歲的孩子：
情竇初開，有了自己的祕密，喜歡玩遊戲

這個年齡層的孩子正處於第二性徵發育的階段，不管是男生還是女生，身體都發生了許多引人注目的變化。他們對自己有了一個更清楚的認知，喜歡獨處，也喜歡交朋友，願意讓自己的生活變得充實。他們不會什麼事情都跟父母說，開始有自己的小祕密，也有了自己喜歡的異性。再加上學業的壓力，很多孩子容易產生叛逆心理，頂撞父母和老師。

第一章　牴觸的根源：找到問題的起點

這時候，家長首先要做到幫助孩子正視身體的發育，接受身體出現的新變化。其次，家長要跟老師多交流。這個階段的孩子性格正在逐漸成型，有自己的祕密，要想做到不讓孩子煩還能了解孩子的讀書情況，最好的方法就是跟老師多溝通，透過這個途徑也可以多方面地關心孩子的成長。再次，孩子喜歡玩遊戲，家長不應該全部禁止，而是要給孩子機會，讓他學會自己控制玩遊戲的時間。如果孩子的自我約束能力不是很強，則應該幫助孩子設定遊戲的時間。最後，家長不要對孩子施加過重的讀書壓力，跟孩子認真對待每一次成績的升降，一起總結成功的經驗與失敗的教訓。多和孩子交流，這樣才能更好地幫助孩子成長。

16～18歲的孩子：考試焦慮症很常見，容易患得患失

這個階段的孩子性格基本成型，有了自己對這個世界的看法，知道自己的目標，並且懂得為了目標而奮鬥。此時孩子的生活主要是以讀書為主，因此日常生活中遇到的問題也多是跟課業相關。

由於學業壓力過大，很多孩子容易產生考試焦慮症，對成績排名過度關注，在生活中也患得患失。因此，家長應該幫助孩子形成正確的考試心態，確立合適的目標院校，尊重他的選

擇，不對孩子施加過大的壓力。只有這樣，孩子才能更好地面對課業與生活。

愛孩子，就先去了解孩子。家長和孩子完全是不同的個體，不能用我們的感受代替孩子的感受。不同年齡階段的孩子都有不同的想法，家長不能想當然地去應對。了解孩子的成長歷程、發展規律，有針對性地改變教育方法和策略，孩子才不會牴觸。

錯誤 2：規矩不夠具體、明確

有這樣一個故事：

一位幼稚園的王老師為了培養孩子們的好習慣，從開學第一天就告訴小朋友們要懂禮貌，見到老師、同學要使用禮貌用語，見面要說「你好」，踩了別人的腳要說「對不起」，用過別人的東西要說「謝謝」，分別的時候要說「再見」等。為了激勵學生們養成好習慣，王老師還使用了定期獎勵的辦法，誰使用了禮貌用語就幫誰蓋一個好寶寶章，10個好寶寶章就可以從老師那裡換一件小禮物。

有一天，王老師正在男廁小便，一個女同學從外頭看見老師，馬上對老師說「老師好」，把老師弄得不知所措。不僅如此，女同學回教室以後，對同學們說她剛剛在廁所裡看見王老

第一章　牴觸的根源：找到問題的起點

師了，還跟老師問了好。其他女同學認為這是個獲得好寶寶章的機會，紛紛跑到男廁所去向王老師問好。一時間，王老師不知道該怎樣回答。

　　這位老師要培養學生養成禮貌習慣的心情是迫切的，但是在對學生做要求和指導的時候，講解不夠具體。他沒有講清楚在不同情形下該怎樣使用這些禮貌語言，只告訴學生講了禮貌語言會獲得好寶寶章，好寶寶章可以換小禮物，結果搞出了如此難堪的場面。

　　父母有時覺得孩子和自己唱反調，其實也有可能是因為父母定的規矩不具體，導致孩子不知道該如何服從。因此，父母在替孩子立規矩的時候，一定要根據孩子的年齡特點，提出非常具體的要求。這樣，孩子就有了目標，也知道不同的場合、時間該做什麼了。尤其是年齡小的孩子，父母更要形象、直觀、具體地提出孩子應該做的事情，要讓自己的要求看得見、摸得著。相反，如果父母對孩子沒有具體要求和具體操作步驟，提出的要求僅僅是「條款」、是概念，孩子就會不知道具體該如何去做。

　　例如：父母要培養孩子勤勞的好習慣，就應該告訴孩子每天把自己房間的地板掃乾淨，自己摺好被子，整理好自己的書桌，而不要只是抱怨孩子太懶，不知道幫爸爸媽媽做家事。要給孩子規定明確的任務，孩子才可以按照父母的規定去做。

錯誤 2：規矩不夠具體、明確

再比如，父母要求孩子養成良好的用眼習慣，就要給孩子一些具體的規定：不要躺在床上看書，每天定時做護眼操，看電視要離開兩公尺遠，每次上網、看電視的時間不能超過一個小時等等。提出這些要求之後，父母還要認真監督，發現孩子有鬆懈的時候要及時提醒。這樣日積月累，好習慣就會養成了。

有一個小女孩剛開始上小學，還不能很好地適應學校生活，存在貪玩、自覺性差、晚上不能準時睡覺等缺點，時間利用得也不好，她總覺得時間不夠用……為此，她媽媽根據她做不好的幾件事情，設計了一個週考核表。表上共有 5 項內容，都是每天要做的事情，執行時間是週一到週五，包括：早上起床、完成家庭作業、練琴情況、在家情況、晚上上床睡覺情況。

每一項都有具體的規定：早上準時起床，不能讓媽媽提醒超過兩次；起床後穿衣服用時不能超過 5 分鐘；晚上按規定的時間上床，上床後不說話，盡快入睡等等。按照每天表現情況評分，每個項目滿分為 5 分，一週滿分為 125 分。一週得 100 分以上，給一種獎勵；112 分以上，給兩種獎勵。獎勵內容包括出去玩、講故事等等。

3 週過去後，小女孩的壞習慣都得到了明顯的改善。

這位媽媽對孩子的要求很具體，她用考核表的形式來對孩子進行習慣培養，結果收到了良好的效果。

在一所小學，有一個班的導師為孩子們開展了「改正壞習

第一章　牴觸的根源：找到問題的起點

慣、做個好寶寶」的活動。老師告訴孩子們：

習慣養成的第一步是要有適合自己的「奮鬥」目標，而且不要太遠、太大。

下面是幾位同學結合個人特點制定的個人目標：

小趙：我要改掉上課隨便說話的毛病。

小李：我的紀律性有點差，所以我定的小目標是本月被老師點名不超過5次。

小王：我排路隊時走得慢，所以我的目標定為走好路隊。

小陳：我上課舉手發言不積極，所以我給自己定的目標是每節課至少發言一次。

看，這些小朋友的小目標多具體呀！這就是讓自己盡快養成好習慣的訣竅。在制定目標的同時，他們也找到了自己身上存在的不足之處，之後就可以有針對性地去改掉它們了！

習慣養成的第二步是要有切實可行的「絕妙」方法，從頭到尾都要做到具體細緻。

讓我們看看這些小朋友是如何根據這個規則讓好行為成為好習慣的：

小李：我要養成準時到校的好習慣。我早上起床比較晚，有時連早餐都來不及吃。我改正的方法是：前一天晚上調好鬧鐘，第二天比平時提前20分鐘起床，做到準時到校。

小王：我現在還不夠禮貌，我的目標是不再說髒話。我改正的方法是：努力控制住自己，不說三字經，在生氣的時候也要做到有話好好說。

小孫：我的不足是經常忘記帶作業，我要養成做事有條理的好習慣。我的方法是：每天寫完作業，馬上把本子放回書包，晚上再檢查一遍。

小高：我的目標是養成「上課鈴響，座位上坐好」的好習慣，現在我有時還做不到。我改正的方法是：下課休息時不去很遠的地方，在打鐘之前就回到座位附近活動。

孩子們為自己制定的目標如此具體，一段時間後，絕大多數同學都變得比以前更愛讀書，也更守紀律了。可見，只有制定明確的目標，孩子在控制自己的言行時才會有章可循，好習慣也才能一步步培養起來。

錯誤 3：對待錯誤行為零容忍、零耐心

北風和南風打賭，看誰的力量更強大。它們決定比試誰能把行人的大衣脫掉。

北風先來。它鼓起勁，呼呼地吹著，直吹得冷風凜凜、寒冷刺骨。可是越刮，為了抵禦北風的侵襲，行人越把大衣裹得緊緊的。

第一章　牴觸的根源：找到問題的起點

接下來是南風。南風徐徐吹動、輕柔溫暖，頓時風和日麗，行人感到春暖上身，漸漸覺得有點熱，於是開始解開鈕扣，繼而脫掉大衣。南風獲得了最終勝利。

人們把這種透過啟發自我反省、滿足自我需求而達到目的的做法稱為「南風效應」。南風之所以能達到目的，就是因為它順應了人的內在需求，使人的行為變為自覺。

「南風效應」給我們的啟示是：在處理人與人之間的關係時，寬容比懲戒更有效。北風和南風都要使行人脫掉大衣，但由於方法不一樣，結果就大相逕庭。

教育孩子也是如此。如果你想要孩子認同你的意見，就要站在孩子的角度去考慮他們遇到的問題，體諒孩子並給他們改正錯誤的機會。

每個孩子都有一顆向上、向善的心，父母要尊重、關心、激勵自己的孩子；每個孩子都可能犯錯，父母要容忍孩子的缺點，客觀、理智、科學地處理孩子在日常生活中出現的各種問題。

在處理父母與孩子的關係時，如果父母一味地要求或者命令孩子，效果反而會不好；如果父母站在孩子的角度考慮問題，體諒孩子，就能很容易地達到好的教育效果。

下面這幾段話是一位心理學專家寫到的關於女兒大雪犯錯時她的處理方法：

我允許大雪使用手機，但是告訴她不要玩手機遊戲。有一

錯誤3：對待錯誤行為零容忍、零耐心

天晚上，我聽到大雪抱怨今天的數學作業太難了，題目不會做。我開門的時候，看到她急急忙忙地關閉手機螢幕，數學作業還沒有進展。我心裡明白，但什麼也沒說，因為，如果我在這個時候拆穿孩子，孩子很可能不願意承認，然後兩個人就要爭執，為了事實到底是什麼說上半天，根本沒有教育效果可言，只會把兩個人的心情弄糟。

我若無其事地說：「今天的數學作業很難是嗎？要不要我陪妳看看？」然後我陪她看了兩道題目，找到了思路。後面的題目她忽然發現不難了，可以自己完成。我離開的時候順手把她的手機帶了出來，自己瀏覽了一下。

這一天像平常一樣結束了，大雪上床睡覺，我去道晚安的時候，對她說：「其實控制自己不玩手機是很困難的一件事，對我們大人來說也是如此。比如說，我有時候遇到困難的事情，覺得壓力太大，反而會無法做事，總是忍不住想玩手機呢。妳知道這是為什麼嗎？因為玩手機比解決難題要容易啊。可是，如果放下手機，認真思考，做出了很難的數學題，不是比玩遊戲更有成就感嗎？」

這時大雪一邊點頭一邊把被子往臉上拉，我看到她的眼圈微微發紅。我微笑著說：「控制自己確實是很難的事，有一個辦法可以幫助妳控制自己，那就是把手機裡的遊戲都刪掉，比如⋯⋯」我把她手機裡的幾個遊戲名字說了出來，她點頭同意。然後我們緊緊擁抱，互道晚安。

第一章　牴觸的根源：找到問題的起點

在對待孩子壞習慣的問題上，很多家長缺乏寬容與耐心，一看到孩子有不好的行為，馬上開始不加了解地一味責備。這樣做的後果往往是讓孩子感到心灰意冷，即使有心悔過，但在父母粗暴的指責下，慢慢地就會變得牴觸，甚至變得越來越無所謂，破罐子破摔。其實在這種情況下，我們不妨向這位專家學習，給予孩子愛與理解、寬容與耐心，讓他們自己明白自身所犯的錯誤。

這裡也借鑑專家的一些方法，父母不妨學習一下如何來幫助孩子了解自己的錯誤：

（一）避免對抗

避免陷入雙方爭執的情景，特別是父母，注意讓自己不要陷入被觸犯被激怒的情緒裡。

（二）設身處地

父母也是會犯錯的人，父母可以以這樣一種身分理解孩子、教育孩子，而不必將自己當作「正確」的化身，以為只有那樣才能教育孩子。其實「正確」的化身特別容易引發對抗。

（三）絕非易事

父母要理解，讓孩子意識到自己的錯誤，改正錯誤，絕非易事。當年孟母為什麼要「子不學，斷機杼」？為的就是讓孩子意識到自己的錯誤。讓孩子意識到自己的錯誤，從來不是父母發洩一通情緒就可以輕易辦到的事情。在孟母看來，這是值得

付出相當的經濟代價的。所以，當你發洩了一通情緒，卻發現孩子並沒有多少改觀的時候，就不用奇怪了。父母需要認真思考，自己努力做功課，付出代價，才能指望在這方面有所改善。

同時，「絕非易事」也意味著，父母發現自己做不到的時候不用氣餒，因為這本來就是很難的事，我們只管努力，哪怕只有一點點進步，一次兩次成功，都對孩子大有裨益。

錯誤 4：強制孩子服從自己，零尊重

一個人的心靈世界，是要靠自尊來支撐的。尊嚴可以帶給人自信，也可以改變一個人的命運，這就是「自尊法則」。

孩子雖小，卻也有自尊。其實平等及相互尊重的關係不僅僅存在於成人之間，也存在於成人與兒童，以及兒童與兒童之間。

很多家長盲目認為孩子必須服從自己，一直在做強制者，但其實父母最應該做的是引導者。家長替孩子立規矩時應該明確告訴孩子這樣做的理由，而絕非「我是大人，你是孩子，你得聽我的」式的命令，父母要做到語氣平和、態度尊重，他才願意去服從父母，哪怕父母講的道理當下他並不能完全領會。

父母和孩子都是平等的，孩子的成長需要父母的尊重。而現實中很多父母打著「為孩子好」的名義，做出的卻是傷害孩

第一章　牴觸的根源：找到問題的起點

子自尊心的行為。那麼，到底父母的什麼行為會讓孩子感覺「傷自尊」？

一、偷窺孩子的隱私

孩子不是父母的從屬品，他們是獨立的個體，父母尊重孩子，就不會做出令孩子牴觸的言行。而尊重孩子，首先要尊重孩子的隱私。

男孩喜歡寫日記，媽媽擔心兒子胡思亂想，耽誤學業，經常偷偷翻看兒子的日記。男孩一直懷疑自己的日記本被人動過，卻苦於沒有證據。

這天，男孩去上學了，媽媽又去翻看兒子的日記，這次兒子在日記裡寫的是媽媽：「媽媽，您頭上的白頭髮又多了起來，您這是為我累的呀！媽媽，您一定要珍惜自己的身體啊！為了表達我對您的愛，我把您的白頭髮珍藏在日記本裡。」

看到這一段字，媽媽感動得流下了眼淚。然而，她卻沒有發現本子裡有白頭髮。媽媽以為是自己弄丟了，就從頭上拔了一根白髮，夾在兒子的日記本裡。

晚上，男孩放學回來，拿出日記本，發現了裡面的白頭髮：「媽媽，您又看了我的日記！」

「怎麼會呢，那根白頭髮不就在你的日記本裡嗎？」媽媽說。

「媽媽，我根本就沒放白頭髮。」兒子笑著說。

每個人都有自己的隱私，孩子也一樣。範例中的男孩用智慧識破了媽媽偷窺自己隱私的行為，而現實中的很多孩子在發現自己的祕密被父母窺視後，通常會與父母大吵一架來表達自己的憤怒與不滿，嚴重的會使親子關係走向破裂。

二、剝奪孩子的選擇權

現實生活中，很多孩子穿什麼樣的衣服，買什麼樣的鞋，理什麼樣的頭髮……都會受到父母的干涉，父母像照顧嬰兒一樣照顧已經長大的孩子，然而父母不知道孩子的內心其實是很牴觸這樣的照顧的，因為這會讓他們得不到他們想要的尊重，會讓孩子有挫敗感。

一個三口之家到餐廳用餐，服務生問過父母點什麼之後，就問坐在一邊的小女孩：「親愛的，妳要點什麼呢？」

「我想要熱狗。」女孩說。

「不可以，妳今天要吃牛肉三明治。」媽媽堅決地說。

「再給她一點生菜。」父親補充道。

服務生沒有理會父母的提示，而是專注地看著女孩問：「親愛的，熱狗上要放什麼？」

「哦，一點番茄醬和芥黃醬，還要……」她停下來怯怯地看一眼父母，服務生微笑著耐心等著她。在服務生的鼓勵下，女孩鼓起勇氣：「還要一點炸馬鈴薯條。」

第一章　牴觸的根源：找到問題的起點

這頓飯小女孩吃得很開心，回家的路上，她對父母說：「你們知道嗎？原來我也能夠受到他的重視。」

孩子也有「點餐權」，而大多數父母卻經常無視孩子的想法，自作主張地替孩子做選擇。如果孩子每次表達想法時，父母都無視、打壓和反駁，孩子只會越來越不願表達，越來越自卑，等父母發現問題時，孩子的負面心理已經形成了。所以要想孩子擁有強大的自信，就要還給孩子選擇權，讓孩子對自己的事情做出選擇，這也是對孩子的尊重。

三、詆毀孩子的朋友

小薇性格開朗，為人熱情、大方，在班上人緣也很好。

生日那天，好多同學都帶著生日禮物來向小薇祝賀。大家七手八腳，洗菜做飯，海闊天空地閒談，不亦樂乎。

小薇的父母滿臉不高興，可是當著小薇同學們的面又不好發作。午飯後，等同學們一出家門，小薇媽媽就把小薇叫來訓話：「妳已經是國中生了，主要任務是讀書，不應該與那些不三不四的人來往。」

媽媽居然批評小薇的朋友是「不三不四」的人，她非常牴觸，大聲說道：「什麼『不三不四』，他們都是我的同學，難道妳以前就不到同學家玩嗎？再說同學之間多來往能夠培養社交能力……」

還沒等小薇說完，媽媽已厲聲打斷她：「我不是不要妳的同學來玩，妳是女孩子，幹嘛要與男同學那麼親密？來了一窩蜂，吵吵鬧鬧的，煩死人了！一個小孩子家培養哪門子社交能力？」小薇聽完，氣得哭了起來。

父母最好不要干涉孩子交友，因為人是群居動物，不只需要親人，也需要朋友。父母干涉孩子交友，其實是擔心孩子交到壞朋友帶壞孩子，但干涉行為是錯誤的，引起孩子的牴觸不說，還有可能會產生反效果。不如好好和孩子談談，告訴孩子選擇朋友的標準以及自己的擔心，讓孩子感受到父母的愛意而不是強權。如果孩子帶朋友回家，也要表示尊重，因為這是對自己孩子的尊重。

錯誤 5：「綁」著孩子成長

臺灣詩人非馬在一首詩中這樣寫道：「打開鳥籠的門，讓鳥飛走，把自由還給鳥籠。」

打開籠門，飛走的鳥兒獲得了自由，然而全詩的點睛之處在於，鳥兒獲得自由的同時，鳥籠也獲得了自由。

隨著社會發展速度的加快和社會競爭的加劇，父母們「望子成龍」、「望女成鳳」的願望比任何時候都更為迫切，與之相

第一章　牴觸的根源：找到問題的起點

對應的是父母對孩子將來的規劃越來越多，甚至日常生活都要嚴加管理，時時刻刻地看管、監視和提防，這使得父母自己耗盡時間、心機和精力，就像一隻鳥籠牢牢地把小鳥拘在那一方小天地，還滿心歡喜地以為孩子會感念自己的付出。

然而，結果卻與願望不相符。籠子裡的鳥兒——孩子感嘆：好沒自由！父母這個鳥籠也慨嘆：管教孩子真累！

每個孩子都需要嘗試的自由，無論是事物還是人生，父母與其把孩子護在自己的羽翼之下，還不如讓他自己去體驗，因為這樣更有震撼力，也更容易讓他自己記住。

莉莎的兒子是一個好奇心重、調皮可愛的孩子。最近，兒子覺得所有的東西都是好吃的，因此，無論看到什麼東西，總是想放到嘴巴裡嘗一嘗它是什麼滋味。

莉莎越嚴厲禁止他動的東西，他反而興趣越大。莉莎不讓他動的東西他偏要動動看，莉莎不讓做的事情他偏要做一做，莉莎不讓他吃的東西呢，他就偏要品嘗一下才過癮。

莉莎跟兒子說，辣椒是辣的，小孩子不能吃。但兒子對辣椒的辣百思不得其解，一直無法想像那是一種什麼滋味。

這天午飯時間，莉莎把新買的辣椒醬放到桌子上，轉身拿碗筷的工夫，兒子已經用手挖了辣椒醬放進嘴裡。

莉莎一回頭就看見兒子哇的一口把辣醬吐了出來，舌頭伸得老長，臉也在瞬間漲得通紅，雙手還在本能地抓撓舌頭。

錯誤5：「綁」著孩子成長

辣椒殘留在口腔裡的感覺似乎是讓整個喉嚨燃燒起來了！兒子拚命地喝水，連話都說不出來。

從此，辣椒的辣徹底扎根在了兒子的腦海裡。每次看見莉莎端出的辣椒醬，兒子總是本能地伸出長舌頭，笑笑卻怎麼也不肯再吃。

兒子喜歡洗澡，因為每次洗完澡，莉莎都要幫他抹上香香的痱子粉。那些白白的細膩粉末塗在身上的滑爽感覺讓他很受用。於是，兒子自然就對痱子粉的味道產生了好奇。

趁著莉莎替他抹粉的空檔，他把整隻手伸進了粉盒裡，又以迅雷不及掩耳之勢把手整個塞進了嘴巴裡！

等莉莎反應過來的時候，他已經開始吐舌頭了。

又是一瓶子水安撫下去，才消除了兒子嘴裡的苦澀味。

髒兮兮、黑乎乎的泥巴陪兒子度過了一個又一個快樂的日子。兒子對它們情有獨鍾，經常一整天都在玩弄那一小撮土。他曾試著把泥巴塞到嘴巴裡，想嘗嘗這麼好玩的東西到底好不好吃。遭到媽媽的堅決反對後，兒子居然學會了聲東擊西。他指著旁邊說：「媽媽，看那邊！」在媽媽轉頭的剎那，一團泥巴已經被他塞進了嘴裡。

莉莎已經沒有一驚一乍的感覺了，她壞笑著問兒子：「泥巴好吃嗎？」「不好吃！」兒子大張著泥巴糊住的嘴，給了莉莎一個世界上最後悔莫及的表情。

第一章　牴觸的根源：找到問題的起點

每個孩子天生都擁有最徹底的好奇心和最真實的反抗心理。如果你執意按照自己的意願去阻止，結果很可能是「哪裡有壓迫，哪裡就會出現反抗」。

生活也是這樣，孩子的人生是他自己的，我們不可能手把手教會他如何成長，路要靠他自己一步一個腳印地走，我們不必怕他跌倒而在一邊小心守候，更不可能背著他走一輩子，或是急著站出來替他剷除一路上的荊棘。

生活的酸甜苦辣總要靠孩子的嘴親口品嘗，方能明白個中真味，沒有切身體會絕對不行。所以，很多時候，我們明知那是不可為、不可吃的，但是，如果無傷大雅，如果不對身體造成極大危害，如果能滿足孩子探索世界的好奇心，如果能增加他體驗百味的經驗，何樂而不為呢？我們有義務讓孩子體驗人生的自由。

不過，這裡所說的給孩子自由，並不意味著父母放手不管。

孩子由於生活經驗、社會經驗不足，年齡太小等，往往不能很好地處理事情，父母如果撒手不管，給予孩子過度自由，效果並不一定很好。這時就又用到了「野生動物保護區」的政策——「有保護地放養」，既讓他們在自然的環境裡自由成長，又進行必要的追蹤保護；既不是放任自流，又不是管得面面俱到。

父母應該去除多餘的擔心，盡可能讓孩子接觸到各類東西，體驗各式各樣的生活。家長不要過於強行壓制孩子，強制打壓帶來的只有孩子的牴觸與反抗。

「有保護地放養」就是父母不斷地觀察和了解孩子的心態，在關鍵時刻及時伸出援手，向孩子們提供解決問題的原則和思路，同時把最後的決定權交給孩子，讓孩子自己承擔結果。

把孩子「放養」，最重要的就是讓孩子從小就具備一定的獨立自主的能力，養成一個為自己生存負責的觀念。要讓孩子知道：他要靠自己努力，才能達到他的目標。每個人的能力有大小，但人都要為自己負責，應該盡力發揮自己的聰明才智，努力達到自己的目標。

繫鞋帶、鋪床摺被就是一個簡單的例子。在教孩子繫鞋帶的時候，父母要傳導給孩子這樣一個觀念：這是你的事，你要學會自己做自己的事。你必須做好你自己能力範圍內的事，如果你做不好，你就得自己負責任。

給孩子自由並不是說孩子可以不遵守社會規則，隨心所欲做任何事。事實上要想在現代社會生存，每個人都有必要遵守一些基本規則。

如果孩子從小能將某些規則內化成習慣，他就不會覺得那些規則是難忍的束縛，才能最大限度地享受自由。而那些沒有

第一章　牴觸的根源：找到問題的起點

任何規則意識的孩子長大以後，在一個秩序化的社會將感受到更多的壓抑，甚至無法融入社會。此外，社會通用的基本規則也能夠幫助孩子適當地克制他們的任性，使他們有計畫地、有條理地去完成他們要做的事，而不用父母事事督促，時時檢查。

比如在讓孩子自由安排自己生活的同時，也要讓孩子知道他們應該準時睡覺和起床，否則第二天上學將受到影響。這樣的規則延伸到課業上，孩子就會知道什麼時候該做作業，什麼時候該玩，用不著父母去催促。

如果孩子沒寫完作業就去玩，對他來說，就是帶著壓力去玩，玩不痛快，只有做完了，他才能輕輕鬆鬆地玩。而為了有更多的時間去玩，他讀書的時候專心致志，盡力提高效率。這一好習慣如果養成了，不但孩子能夠獲得尊重和自由，家長也獲得了很多自由，不用再為這類事情操心。

事實證明，沒有高壓管理的孩子都有一個共同的特點：讀書從來不需要父母督促，自己的生活也管理得不錯，算得上井然有序；能專心做自己喜歡的事，比較有主見，較少受外界的影響。

錯誤 6：拒絕孩子的壞心情

一個深冬的早晨，在一個猶太社區中心健身房的走廊裡，有個 2 歲左右的小男孩突然大發脾氣。他先是一下子趴到地下，緊接著是躺在地上滾來滾去，大聲地哭起來。周圍人來人往，而這個小男孩依舊任性地躺在地上不起來，哭叫聲越來越大。

小男孩的母親就在他身旁，一句話也不說。她先是放下手裡的包裹，蹲下來，接著又坐下來，後來索性全身趴在地上，使她的頭和兒子的頭呈一條水平線，兩個人的鼻子也碰在了一起。走廊裡的人越來越多，母子兩人旁若無人地趴在那裡好久。

最後，小男孩臉上的憤怒表情慢慢消失了，顯露出平靜，哭叫聲變成了耳語。小男孩把哭紅的小臉貼在地板上，母親也同樣把臉靠在地板上。他們就這樣待了兩三分鐘：孩子看著周圍的腿、腳以及陌生人看他的目光，母親也跟著一起看。孩子看母親，母親就看孩子。最後，孩子站起來，母親也站起來。母親拿起丟下的包裹，向孩子伸出手，孩子抓住母親的手，兩個人一起走過長長的走廊。

到了停車場，母親打開車門，把孩子放在兒童安全座椅上扣好卡榫，親了一下他的額頭。這個時候孩子的情緒已經變得非常平靜。

第一章　牴觸的根源：找到問題的起點

在整個過程中，母親一句哄、一句訓也不用，卻將孩子的情緒安撫好了。那麼，究竟是什麼力量使母親安撫了這個原本情緒不穩定的孩子呢？是愛和理解的力量！正如一位教育專家所說：「孩子由於發脾氣或發怒而掙扎時，我必須成為他的容器 —— 一個可以容納他的精力和意圖的、由純潔的愛建構成的容器。」

所以，面對孩子的負面情緒 —— 突然爆發的大哭、吵鬧、恐懼、坐立不安等，父母首先要做的就是蹲下來，淡定地、充滿關愛地接納他的感受與情緒，允許情緒的釋放，而不是透過「吼一頓、嚇兩句」或者講大道理安撫來止哭止鬧。

幾個小朋友在公園裡追趕著玩泡泡水，媽媽們在旁邊閒聊。突然，兩個孩子被絆了一跤，同時摔在了地上，泡泡水灑了，孩子不約而同地大哭了起來。

兩位媽媽連忙跑過來。

亮亮媽媽提著亮亮的手臂把他拉起來，訓斥道：「叫你跑慢點、跑慢點，就不聽！根本沒事，就輕輕摔了一下，沒有流血，有什麼好哭的！那麼多阿姨和小朋友看著呢，丟不丟臉啊你？」亮亮繼續哭，不理睬媽媽。

亮亮媽媽又說：「再哭，媽媽就不喜歡你了。」媽媽露出了嚴厲的表情，亮亮不敢哭了。

另一位媽媽呢？

萌萌媽媽抱住萌萌，說：「這真的是太難過了，泡泡水竟

然灑掉了，妳一定很傷心，媽媽抱抱！」萌萌委屈地抱著媽媽大哭，媽媽沒再說話，只是輕拍孩子的肩膀表示安慰。萌萌的哭聲越來越小了。

「萌萌快看，那邊的小野花好漂亮呀，採一朵戴媽媽頭上好不好？」萌萌立刻停止了哭泣，拉著亮亮一起去採花。

結果會有什麼樣的不同呢？

萌萌採了一朵漂亮的小花送給媽媽，而亮亮的興致一直不高，捏著小花不說話。萌萌媽媽問：「亮亮怎麼不去幫媽媽戴花呢？」亮亮低著頭不說話，好久才說：「我怕媽媽不喜歡。」

相信大家已經看出來了：情緒經常被接納的孩子，通常性格也會更加平和、開朗，不輕易發怒，與父母的關係也比較親近；而經常被阻止宣洩情緒或者被否定情緒的孩子，通常很難建立真正的自信，他們的內心是壓抑的，有什麼話也不會輕易地對父母開口，親子關係也往往並不親密。

我曾經在一個深受家長歡迎的幼稚園的走廊上看到過這麼一張便利貼，上面寫著：

孩子心情不好時家長需要做的四步驟：

1、家長要保持合理的情緒控制；

2、接納孩子的情緒；

3、弄清楚孩子為什麼會這樣；

4、幫助孩子心情好起來。

第一章　牴觸的根源：找到問題的起點

面對哭泣的萌萌，萌萌媽媽並沒有給予強硬的制止，而是認真履行了這幾條原則：首先處理好自己的情緒，沒有表現出煩躁和排斥；其次接納孩子難過的情緒，把「哭」的權利還給萌萌，等萌萌把不好的情緒透過淚水安全地釋放出去了，再處理問題；最後，幫孩子想個辦法疏導和表達自己的情緒。

其實，當我們能夠站在孩子的角度，去體會他的情緒，並引導他學會管理自己的情緒時，孩子的情緒表達就會向良性發展──不會因為無助和受到挫折就大哭大鬧不止，而會逐漸做到遇到問題不驚慌失措，不發脾氣，會嘗試講道理並尋求幫助。只有這樣，孩子才會擁有強大的內在，變得通情達理，從容不迫。

反觀亮亮媽媽，不給孩子表達情緒的機會，先譏諷後恐嚇，這些話給孩子的暗示是：媽媽不喜歡我哭，哭是不好的行為；我不能哭，否則媽媽就不喜歡我了。為了取悅父母，孩子在想哭泣時就會壓抑自己。表面上孩子確實不哭了，但情緒背後真正的根源並沒有得到解決，內心掩藏了更多的恐懼。

所以，小小的孩子學會了察言觀色、謹小慎微、畏首畏尾，不懂得表達自己的真實情緒。也許他會成為一個聽話的「乖」孩子，但也有可能他日後會越來越牴觸媽媽的專制強硬，越來越叛逆。

誠然，做父母的都希望孩子永遠幸福快樂，生活中永遠充

滿歡聲笑語。但是，哭和笑，都是一個人真實的情感流露。情緒本身沒有好壞，是生理和心理的正常反應。所以，當孩子哭時，我們不要慌，無須怕，正確引導就好。但是一定要避免一些錯誤的方式，比如亮亮媽媽的喝斥與恐嚇，再比如下面這個小男孩媽媽的抱怨：

有一次在社區醫院，一個小男孩因為發高燒，要抽血檢查。但孩子一看到護理師阿姨拿著針頭過來，就開始嗷嗷大哭。

孩子的媽媽感到很難過，因為她也很怕打針，覺得抽血對孩子來說太殘忍了。她一邊皺著眉頭一邊掉著眼淚說：「唉！我可憐的寶寶，真的不公平啊，為什麼你們班偏偏就你生病發高燒呢？如果媽媽能代替你生病就好了。」

孩子一聽，哭得更厲害了，牢牢地抓住媽媽的衣服不放手。看到孩子和媽媽一起哭成淚人，護理師和醫生也是無可奈何。

其實，看著護理師手裡寒光閃閃的針頭，別說孩子害怕，有些大人可能都會直打哆嗦。這個時候，媽媽的態度和話語對於孩子能否從容地面對針頭至關重要。加拿大約克大學的一項心理學研究顯示，小孩看見針頭就哭不單是怕疼，也因為多數家長對打針表現出的「不淡定」，感染和影響到了孩子，自然而然地，孩子也會牴觸打針。

看到孩子的痛苦和恐懼，如果媽媽能蹲下來，讓孩子能夠平視你，並明確告訴他，為何要打針，會產生怎樣的疼痛之後，相信孩子的恐懼感就會減少一些。比如，媽媽可以平靜地跟孩子說：「寶寶生病了，打了針就會好，就痛一下下，然後就沒事了。相信寶寶可以的！」

當然，孩子可能還是會有點不情願，但他看到媽媽的平靜和理解，就會從中獲得勇氣，從而伸出自己的小手臂。有了這樣的經驗，他會一次比一次勇敢。長此以往，就能培養出孩子積極向上的情感能力。用比較大眾化的語言來說，就是能把孩子培養成一個 EQ 很高的人。

錯誤 7：用成人的道德標準判斷孩子的感受

由於孩子的語言表達能力和思維能力不像成年人那樣完善，他們的表達和思維都是簡單化的，所以有時候會很模糊，有時候會很委婉，有時候也會很矛盾。但是，不管是哪種表達方式，都需要父母用心去聽，善於領會孩子傳遞出來的訊息。

孩子對於一件事物的喜歡或者不喜歡，幾乎都是出於自己真實的情感需求，而不管是否符合成人所謂的道德體系。他們偶爾會說「討厭父母」，可能只是因為父母忘記了曾答應過他

錯誤 7：用成人的道德標準判斷孩子的感受

們，週末一起去遊樂園。所以，不能用成人的道德要求去評斷孩子的情緒感受，而是要「無條件地接納」孩子的情感，了解這種在成人看來不能接納的情感背後隱藏著他們怎樣的心理需求。

多多的爸爸媽媽是上班族，工作比較忙。所以，從多多 2 個月大開始，他們就僱用了一個保母來照看多多。對於這位保母阿姨，多多在不會說話的時候很喜歡、很信賴，可是從 1 歲 1 個月會說話開始，每到早上媽媽要去上班，多多就嚷嚷著「打阿姨，打阿姨」。這種情況前後持續了一年多的時間。在這期間，多多媽媽變換了各種方法與多多進行溝通。

第一階段：強烈譴責

　　多多嚷嚷：「打阿姨，打阿姨。」

　　媽媽訓斥：「不能這麼說，打人是壞孩子！」

　　多多繼續嚷嚷：「就打，就打。」

　　保母阿姨臉色很不好看。

第二階段：說服教育

　　多多嚷嚷：「打阿姨，打阿姨。」

　　媽媽說道：「阿姨像媽媽一樣愛你，你怎麼能打阿姨呢？」

　　多多繼續嚷嚷：「就打，就打。」

　　保母阿姨臉色很不好看。

第一章　牴觸的根源：找到問題的起點

第三階段：不聞不問

多多嚷嚷：「打阿姨，打阿姨。」

媽媽就像沒有聽到一樣，根本不理多多。

多多的反應更加激烈：「打，打。」並且揮動小手。

保母阿姨非常生氣。

第四階段：變換思路

多多媽媽開始思考：孩子為什麼無緣無故地要打阿姨呢？

多多嚷嚷：「打阿姨，打阿姨。」

媽媽問道：「多多是想讓媽媽陪你，阿姨去上班，對嗎？」多多點頭。

媽媽說道：「如果多多這樣想，要說出來，媽媽才知道哦。」多多一下子撲到媽媽懷裡。

媽媽說道：「那媽媽以後每天都多陪你一會兒再走，好不好？」多多不鬧了。

即便是在成人世界中，我們也會用「氣死我了」、「我想揍他」這樣的粗暴言語來表達感情。那麼為什麼就不能容許一個孩子這樣表達呢？畢竟，孩子所懂得的語言並不多，當然，對於這種粗暴的語言背後的情緒，父母就得做到及時疏導，而不是要堵住孩子發洩情緒的途徑。

所謂「無條件地接納」，是指尊重孩子的身心發展規律，根據孩子所處的發展階段接納孩子當下的狀態，不過多地對孩

錯誤 7：用成人的道德標準判斷孩子的感受

子的行為進行評價，不輕易給孩子「貼標籤」，不批評和責備。

孩子的情緒，時時刻刻都在傳遞著訊息，但是很多家長察覺不到。家長往往會自以為是地推理一番，粗暴地教育一番，然後就把孩子打發掉了。其實，孩子的任何想法、任何選擇都是有理由的，只可惜很少有家長願意聆聽他們的想法，或者說有些父母即使聽了，也很少會進一步深究孩子的內心需求。

「今天晚上我們一起睡吧。」朵朵央求著媽媽。

「怎麼了，妳的床不舒服嗎？不是剛幫妳換新床單嗎？」媽媽不解地問道。

「我就是想和媽媽一起睡。」朵朵小聲嘟囔著。

「妳現在都 5 歲了，已經是個小姐姐了，怎麼還這麼不獨立，要和媽媽一起睡呢？」媽媽在那裡諄諄教誨。

朵朵聽完，什麼也沒說，噘著小嘴自己進屋了。

孩子長大了就應該自己睡，這是幾乎所有的家長都會替孩子立的規矩。但如果一直自己睡的孩子突然要求和父母一起睡，也許並不是孩子不夠獨立，很可能是孩子感到被忽略或者是遇到了什麼害怕的事情……就像上文的朵朵。然而很多父母都直觀地看到表面現象，卻沒有追蹤孩子出現這些現象的內在心理需求，反而指責孩子不獨立、黏人，就像朵朵媽媽。

所以，當孩子出現這些心理情緒和訊號，父母應該靜下心來，走進孩子的內心深處，了解孩子的內心感受，做出合理的

心理疏導。之後父母再對孩子提出合理要求時，孩子也會很配合。

錯誤 8：自以為是地「愛」孩子

孩子從出生到長大，爸爸媽媽給他的愛從不缺少。我們當然知道所有的母愛都是濃烈的、真摯的，但你是否想過，如果你「愛錯」了或「愛過」了，孩子會怎樣？

有一位媽媽，出於擔心和愛護，常常在15歲的女兒面前嘮叨：要好好讀書，少與男生來往。有一次，有幾個同學來約女兒一起去幫一個男同學過生日，竟然遭到了媽媽的一頓數落，這使女兒受到了極大的傷害：她覺得在同學面前很沒面子，同學們也不願再跟她來往。她因此怨恨母親：「你們不讓我好過，我也讓你們難受。」她向父母喊叫，「我就是要氣你們！就是不好好讀書！就是要把你們的錢拿去花光！」

當然，父母的焦慮和擔心是可以理解的，但只要和孩子好好溝通，孩子肯定能理解家長這種擔心。可是，範例中的媽媽雖然為自己的孩子操碎了心，卻不顧孩子的感受，粗暴地制止了孩子的行動，這讓孩子內心產生了深深的無助與痛苦，也引起了孩子的牴觸。父母這種方式的關心，是典型的把力氣用錯了地方，極有可能會把孩子推向極端。

試想一下,如果上文中的媽媽換一種做法,告訴孩子:「我知道妳想和同學出去玩,也能體會到妳的感受,可是,妳要記住你目前的主要任務是讀書,請妳在玩的同時不要忘了功課,可以嗎?」這時候女兒一定能理解媽媽,也會做到準時回家,好好讀書。

其實,只要站在孩子的立場上考慮孩子的感受,與孩子的感受產生共鳴,對於孩子自己解決問題是有著莫大的裨益的。

飛飛是一名七年級的學生,門門功課都很優秀,除了體育課。原來身體瘦弱的他特別害怕上體育課,有時候甚至裝病來逃課。飛飛的老師把這個情況告訴了他的爸爸,爸爸決定跟兒子好好談談。

晚上下班以後,爸爸走到了飛飛的房間。

「兒子,今天你們老師告訴我,你沒有去上體育課。」

「爸爸,我不喜歡體育課。」

「我知道。」

「你知道?」

「對,因為爸爸小時候也很討厭上體育課。那時候的我個子比較矮,也比較瘦,體育課上老是被同學們嘲笑。」

「那後來呢?爸爸也沒有去上體育課嗎?」

「不是,後來我每次都去。」

「為什麼呀?」

第一章　牴觸的根源：找到問題的起點

「因為勇敢地去面對才是男子漢啊。不能因為害怕就逃避，相反，要去克服。你說呢，小男子漢？」

「好的，爸爸，我會試著去克服我的害怕，去上體育課的。」

「對嘛，這才是男子漢，不要害怕，只要勇敢邁出第一步，就會不一樣的。你看爸爸現在不是很壯嘛。」

學生的職責就是上課、讀書，這是很多父母不用立規矩孩子也知道的事情。飛飛因為自己瘦弱自卑就不上體育課，無論從哪方面來說，我們都知道這是不對的。如果爸爸用一般的做法，也就是擺出成年人以及父母身分的姿態來指責孩子，強迫孩子去上體育課，其結果也會不言而喻。但幸運的是，飛飛爸爸是一個高 EQ 的父親，他站在飛飛的角度上，用自己的經歷告訴飛飛，逃避不能解決問題，克服才是解決之道。

一顆種子成長為一棵大樹，是一個複雜而微妙的過程。孩子的成長亦然。十五六歲正是這個複雜過程中的一個很微妙的人生階段。在這個階段，孩子身高上超過父母，心理上超越父母，他們會慢慢地試著自己去解決一些生活或者課業中出現的小問題。如果這種權利被剝奪，父母仍舊以自以為是的愛來替代孩子做事，孩子的心理需求得不到滿足，就會以各式各樣的問題行為來表達，比如頂撞父母、厭學等。

卡爾・羅傑斯說：「生命就是做自己、成為自己的過程。」

高 EQ 父母絕不會冷酷無情地下命令，讓孩子毫無變通的餘地，也不會把孩子裝在愛的蜜罐，寵溺孩子到無法無天。他們都懂得滿足孩子的情感需求，慢慢地引導孩子成長為勇敢獨立的人。正如一位教育專家所說，要「用心用情不用力」，要看見孩子、心疼孩子。

錯誤 9：剝奪孩子說最後一句話的機會

每個孩子都有自己的心聲，家長一定要耐心傾聽，才能真正了解孩子的想法和感受，做好親子之間的溝通，建立和諧的親子關係。

當孩子在說話時，無論家長有多忙，一定要用眼睛看著孩子，不要隨意插嘴，盡量傳達出聽得很有興趣的資訊。如果家長在某一重要原則上表示不同意孩子的看法，應告訴孩子不贊同他的什麼觀點，並說出理由。但是，在提出反對意見時不要過於武斷，應等孩子說完他要說的話後再評斷。即使你感覺孩子是在胡說八道，也要控制住火氣，不妄下定論。

一位媽媽問她 5 歲的兒子：「假如媽媽和你一起出去玩時口渴了，一時又找不到水，而你的小書包裡恰巧有兩顆蘋果，你會怎麼做呢？」

第一章　牴觸的根源：找到問題的起點

兒子小嘴一張，奶聲奶氣地說：「我會把兩顆蘋果都咬一口。」

雖然兒子年紀尚小，不諳世事，但媽媽對於這樣的回答，心裡多少有點失落。她本想像別的父母一樣，對孩子訓斥一番，然後再教孩子該怎樣做，可是就在話即將出口的那一刻，她突然改變了主意。

媽媽握住孩子的手，滿臉笑容地問：「寶貝，能告訴媽媽你為什麼要這樣做嗎？」

兒子眨眨眼睛，滿臉童真地說：「因為……因為我想把最甜的一顆留給媽媽吃！」

那一刻，媽媽欣慰極了，她在為兒子的懂事而自豪，也在為自己給了兒子把話說完的機會而慶幸。

孩子的天真爛漫、純真善良，都在這最後一句話裡盡顯無遺。只不過不是所有父母都能像上文中那位媽媽一樣，給孩子說出最後一句話的機會。大多數父母往往都會在孩子說把兩顆蘋果都咬一口的時候就覺得寒心失望了，然後控制不住自己的情緒去責怪孩子不懂得孝敬父母，甚至有的父母會說自己照顧孩子長大付出了很多，有多麼辛苦，結果養出來一個不懂回報不知感恩的孩子，感嘆自己命運悲苦之類的。奉勸各位父母，先不要「戲精上身」，多給孩子幾秒鐘，讓孩子把話說完，因為，孩子讓我們感到驚奇的一刻往往就在最後。

錯誤9：剝奪孩子說最後一句話的機會

不要把孩子的一些淘氣行為通通斥責為「犯錯」，孩子有著不同於大人的思維模式，他們的思維大都是擴散性的，充滿想像力，沒有生活經驗的束縛，也不會帶有任何的道德意識。父母一定要去理解孩子的這種思維，不能憑藉自己的生活經驗或者道德要求去對孩子未說完的事情做評價，這會對孩子的心靈造成很大的傷害。

他是個單親爸爸，獨自撫養一個7歲的小男孩。每當發現孩子和朋友玩耍後受傷，他對過世妻子心中的歉意便更深，心底不免傳來陣陣悲涼的低鳴。

這是他留下孩子出差當天發生的事。因為要趕火車，沒時間陪孩子吃早餐，他便匆匆離開了家門。一路上擔心孩子有沒有吃飯，會不會哭，心老是放不下。即使抵達了出差地點，也不時打電話回家。但孩子總是很懂事地要他不要擔心。因為心裡牽掛不安，他便草草處理完事情，踏上歸途。回到家時孩子已經熟睡了，他這才鬆了一口氣。旅途後的疲憊，讓他全身無力。正準備上床睡覺時，他大吃一驚：被子下面，竟然有一碗打翻的泡麵！

「這孩子！」他在盛怒之下，朝熟睡中的兒子的屁股一陣狠打。

「為什麼這麼不乖，惹爸爸生氣？你這樣調皮，把被子弄髒，誰要洗？」這是妻子過世之後，他第一次動手打孩子。

第一章　牴觸的根源：找到問題的起點

「我沒有⋯⋯」孩子哭著解釋，「我沒有調皮，這⋯⋯這是給爸爸吃的晚飯。」

原來孩子為了配合爸爸回家的時間，特地泡了兩碗泡麵，一碗自己吃，另一碗給爸爸。怕爸爸那碗麵冷掉，所以放到被子下面保溫。

爸爸聽了，緊緊抱住孩子，看著碗裡剩下那一半已經泡爛的泡麵說：「孩子，對不起，爸爸錯怪你了，這是世上最美味的泡麵啊！」

即使再年幼的孩子，也有話語權，做父母的應耐心地讓孩子把話說完。如果父母發現錯怪了孩子，就要勇敢地向他們說「對不起」。只有這樣，才能建立健康、和諧的親子關係。

每個孩子都有無數的驚喜等著父母去發現。替孩子立規矩前，請耐心地聽孩子把話說完，別剝奪孩子解釋的機會，以免錯失感受孩子的童真和內心的愛的機會。這對於每個父母來說都是一門必修課。

第二章
規矩的力量：教養的無形支柱

—— 改掉這 10 個毛病，孩子大方又得體

第二章　規矩的力量：教養的無形支柱

不懂禮貌，就讓孩子和你一起招待客人

也許很多家長為這樣的孩子頭痛：週末，客人來家裡玩，媽媽對孩子說：「快叫叔叔阿姨。」然而孩子漠然地看了客人一眼，扭頭就回房間了，留下尷尬的媽媽和客人。家裡來了客人，孩子卻這麼沒有禮貌，真讓媽媽覺得臉上無光。

恬恬是個可愛活潑的小女孩，比較讓媽媽頭痛的一點是不懂禮貌。恬恬餓了，會向著媽媽大喊：「我要吃麵包。」媽媽為了教會她用禮貌用語，本來聽見了，卻故意不理。女兒叫了幾聲，見媽媽不理，就跑過來說：「媽媽，妳有沒有聽見我說要吃麵包呢？」媽媽說：「我聽見了，可是我不知道妳在叫誰呀，妳又沒有叫『媽媽』。」

女兒笑著說：「媽媽，我要吃麵包。」

「說得還不對。」

「怎麼又不對了？」

「妳要說：『媽媽，我想吃麵包，請幫我拿，好嗎？』」

女兒重複了一遍這句話後，她才去拿麵包。等女兒吃完，轉身去玩時，卻被她一把拉住說：「還沒完呢！」

女兒瞪著大眼說：「完了，吃完了！」

她說：「妳還沒有說謝謝呢。」

「噢，還要說謝謝？」

「當然啦。別人幫妳做了事，怎麼可以不說謝謝呢？」這位媽媽就是這樣一點一點地訓練女兒使用禮貌用語的。

禮貌是拉近自己和他人的一座橋梁，懂禮貌的人容易讓別人接受，成為一個受歡迎的人，所以父母們要從小培養孩子懂禮貌。學會禮貌待人是一個潛移默化的過程，不是一蹴而就的。

很多父母也替孩子立規矩要孩子懂禮貌，但是效果並不盡如人意。到底怎麼做才能培養出一個懂禮貌的孩子？

下面這幾點可以給各位父母參考：

▌做個好榜樣

孩子有沒有禮貌不是天生的，是後天培養出來的，而且孩子天生就喜歡模仿別人，所以爸爸媽媽在家裡的時候要注意自己的言行舉止，注意禮貌，為孩子樹立一個好的榜樣。

比如來客人的時候，要給予熱情的招待；接受了別人的幫助以後，要對別人說「謝謝」；在收到禮物的時候，可以邀請孩子和你一起寫感謝卡等。有了你的示範，再遇到類似的情形時，孩子自然而然就會學你的做法。

▌讓孩子跟我們一起招待客人

有些媽媽為了不讓孩子打擾來訪的客人，一般都會把孩子打發到一邊，讓他們自己去玩。這樣做也許能夠獲得一時的安

第二章　規矩的力量：教養的無形支柱

靜，但是可能會影響到孩子的社交能力。他會想：媽媽為什麼不讓我跟客人一起玩？是不是我做錯了什麼？久而久之，家裡一來客人，他就會自動躲到旁邊去。

所以，當有客人來訪時，家長應該向孩子介紹一下來的是什麼客人，再向客人介紹一下自家的孩子，並讓孩子幫客人拿拖鞋、拿杯子，千萬不能把孩子排斥在外。

▌設定場景

有的時候孩子學會了禮貌用語，但是卻不知道該在什麼場合使用。本來應該說「謝謝」，可是卻說了「阿姨好」。所以家長可以設定一些場景，比如見到外人的時候熱情地打招呼，教孩子說「你好」，走的時候教孩子說「再見」。這樣既可以提高孩子學習的興趣，又能夠給孩子實際的體驗。

▌不要強迫孩子

不要認為孩子這麼小，就能夠把他掌握在你的手裡，他們有自己的個性，甚至有些叛逆。很多家長在孩子失禮的時候強迫孩子，比如有客人來家裡，孩子躲著不叫人，家長就拉著孩子，硬是讓孩子向客人問好，結果以孩子大哭而告終，這樣非但達不到目的，還會產生反效果。

孩子不肯說，可能有很多原因，也許是害羞，也許是不明白為什麼要跟客人打招呼⋯⋯如果孩子就是倔強著不肯說的話，家長可以暫時放棄，等到孩子平靜了以後，再告訴他：「這

是應有的禮貌，你去別人的家裡，也希望他能夠熱情歡迎你呀。」讓孩子設身處地地想一想，或許能夠幫助他理解。

父母態度不一致，孩子才會脾氣壞

嬰兒一出生，就經常大聲哭鬧，手腳亂動，這種孩子容易形成暴躁的性格。但是大多數孩子脾氣暴躁是後天形成的。在獨生子女中，這種現象更為普遍一些。

從心理學角度來看，亂發脾氣是兒童意志薄弱、缺乏自制能力的表現。這樣的孩子想要什麼就得給什麼，想做什麼就做什麼，稍不如意就馬上開始大哭大鬧，對著家長或他人發脾氣。

凱倫夫婦最近被兒子瑞克的壞脾氣折磨得頭痛死了。瑞克僅僅6歲，脾氣卻暴躁得厲害，稍不如意就大發雷霆，大喊大叫。即使是跟他講道理，他也聽不進去，如果父母不按照他說的去做，他就一直吵鬧、哭喊，在地上打滾，手裡有什麼東西都會順手扔出去。

為此，凱倫夫婦想盡了辦法，他們打他，苦口婆心地教誨，罰他站牆角，趕他早點上床，責罵他，喝斥他，跟他講道理……這些都不管用，一有事情瑞克還是會大發雷霆，暴躁脾氣依然如故。

第二章　規矩的力量：教養的無形支柱

一天晚上，一家人正在看電視，瑞克突然想起要吃冰淇淋。已經很晚了，商店都關門了，爸爸媽媽試圖跟他解釋，勸說他明天再吃。然而，瑞克的脾氣又上來了，他躺在地上大聲叫喊，用頭撞地，用手到處亂抓，用腳踹所有搆得著的東西⋯⋯

爸爸媽媽被氣得不知道該說什麼，他們努力克制自己的火氣，暫時沒有任何語言和動作。

瑞克已經叫喊半天了，他詫異地發現，居然沒有人理他。於是，他又重新按他剛才的「表演」鬧了一番。這次爸爸媽媽知道怎麼做了，他們坐了下來，靜靜看著兒子，沒有任何語言和動作。

瑞克不服氣地又開始了第三次「表演」，然而爸爸媽媽還是沒有任何表示。最後，瑞克大概也覺得自己趴在地上哭叫實在太傻了。他自己爬了起來，回房間睡覺去了。

從此，瑞克再也沒朝別人亂發脾氣，瑞克亂發脾氣的習慣因為沒有得到強化而自然消失了。

造成孩子好發脾氣的原因很多，溺愛是重要原因之一。如果家長對孩子一味地溺愛，百依百順，有求必應，會使孩子脾氣越來越暴躁。假如家長對孩子的合理要求也是拒絕，使他的欲望總是求而不得，也會使孩子變得脾氣暴躁，有時還會產生懷恨心理。

所以家長應盡量滿足其合理的要求。對不合理的要求，要

耐心地做說服工作，不要在孩子不知道原因的情況下斷然拒絕，特別是當孩子一提出要求，沒等講完家長就馬上給予否定，這樣會使孩子分不清自己的要求哪些是合理的，哪些是不合理的，從而會影響他認知水準的提升，以致形成「反正家長也不同意」的想法。

要想替孩子立不亂發脾氣的規矩，讓孩子心平氣和地生活，改掉愛發脾氣的壞習慣，家長可以採取以下方法：

找一找孩子好發脾氣的原因

找對原因才能對症下藥：可能是表達能力差，比如一歲以內的孩子只會用哭鬧來表達飢餓、身體不適；或者是作為一種手段，比如用發脾氣達到要父母滿足自己要求的目的；又或者是發洩對突發事件的牴觸，比如孩子玩得正開心，媽媽卻突然叫他去做另外一件事，孩子心理難以接受……

一般來說，孩子的生活安排越合理，越有規律，讓孩子知道什麼時間該做什麼，什麼場合該做什麼，孩子就越不容易發脾氣。比如：哺乳期的孩子要定時定量地餵奶；大一些的孩子要規劃吃飯時間、遊戲時間、睡覺時間等；出門之前約法三章，告知孩子被接受的行為與不被接受的行為，並針對不合理的行為商量好合理的懲罰後果作為事先警告，一旦孩子違規，警告無效，就需要堅定地執行懲罰，哪怕懲罰開始後，孩子主動認錯了，也要繼續，不過要告訴孩子：「我很高興你意識到

第二章　規矩的力量：教養的無形支柱

了自己的錯誤，不過還是要懲罰你，因為在我說懲罰你時你依然沒有停止你的錯誤行為。希望下一次，你能乖乖按照規矩做……」

▌檢查一下大人對孩子的態度是否一致

特別是當孩子發脾氣時，周圍的人是袒護他還是教導他？假如是袒護，就會使他嘗到甜頭，這實際上是一種負增強（negative reinforcement），他就會鬧得更凶。正確的做法是家長應該讓孩子懂得並記住一個道理：吵鬧發脾氣是沒有用的。這樣就可以使孩子明白，把哭鬧、發脾氣當作武器無法發揮作用。經過幾次這樣的教育，孩子愛發脾氣的毛病就會有所改變。

▌家長平時要多與孩子溝通，了解孩子的需求，注意孩子和小朋友之間的交往

家長可以多方了解別的小朋友在玩什麼、想什麼、要求什麼等，當孩子提出自己的要求時，家長就比較能體會孩子的心情了，再加以開導和耐心地說明，是能夠消除或減輕孩子發怒的情緒的。

▌不要認為孩子好發脾氣是天生的，不可改變

有些父母認為孩子好發脾氣是天生的，後天再怎麼努力也無法改變，甚至有些父母在孩子發脾氣時，也跟著發脾氣，用發脾氣對發脾氣。這種感情用事的方法，絕對改變不了孩子好

發脾氣的毛病。

有些媽媽認為孩子好發脾氣拗不過他，就把他推給爸爸管教，這樣就會使孩子產生「媽媽對他發脾氣毫無辦法」的印象，以後就會變本加厲地在媽媽面前發脾氣。

▍培養孩子做事的靈活性

孩子玩玩具、吃飯或穿衣服，都不要只「固定」一種方式、方法和模樣，要從小盡量使其「多樣化」，讓其有挑選的餘地。特別是當一種東西、食品、玩具不存在了，就應及時引導孩子將注意力轉移到別的東西、食品、玩具上去，這種調節能力越強，其靈活性也就越好。當孩子的興趣增加了，對困難和問題的處理態度也靈活了，他發脾氣的習慣也就會隨之改變。

用代幣法來立規矩，孩子不再動手打人

國外一項調查顯示，90%以上的幼兒有行為攻擊的傾向，多數父母認為這是孩子間的小打小鬧，沒有足夠重視。而專家認為，攻擊性行為形成的關鍵期是嬰幼兒階段，一般男孩的攻擊性比女孩突出，男孩受到攻擊後，會急切地報復對方，如任其發展到成年，這種行為就可能轉化為犯罪行為。

第二章　規矩的力量：教養的無形支柱

有位黃女士在談起自己的兒子時這麼說：

兒子長得人高馬大，坐在教室裡的最後一排，平時調皮搗蛋，總喜歡招惹別人。每次去學校領他總是讓我頭大，因為常常會有小朋友睜著一雙無邪的眼睛來告狀說兒子欺負他們，對於他這個好「攻擊他人」的惡習我一度無計可施，只能先回家再狠狠地教訓，有時實在氣不過就會打他。但這個辦法並沒有取得什麼實質性效果，他後來變得越來越老油條，一副很無所謂的樣子，真讓我氣不打一處來。

後來有一次聽到兒子對奶奶說：「媽媽不講理，自己常欺負我卻要我別欺負小朋友。我只是想和他們好，又不是要欺負他們。」聽到這句「無忌童言」後，我開始反省自己一貫的教育方法，覺得應該和他多溝通溝通。

很多時候都是他想和小朋友表示友好，但沒有掌握分寸，這樣我就會勸他做事「溫柔」一點，想和小朋友友好用嘴巴說就可以了，不要用手去抓或推；有時他真的會欺負小女生，這樣我就會讓他知道這不是男子漢應該做的事情。兒子雖然才上一年級，但非常崇拜男子漢的品格，用「男子漢不會哭」、「男子漢不欺負人」這樣的話激勵他很有用。

還有一個例子：

李先生的孩子性格爭強好勝，無論遊戲或者比賽，他都要贏過別人。有天下棋，連下一個下午卻一路輸到底，被小朋友嘲笑了幾句，他就急了，不僅扔了別人的棋盤，還動起手來。

回到家裡，他也很懊喪，因為那是他最好的棋友，有點棋逢對手的意思。李先生說，你動手打他就能證明棋下得比他好嗎？兒子搖頭，說他動手只是受不了別人嘲笑。

李先生也順水推舟地告訴他，在別人落敗的時候嘲笑別人肯定是不對的，但對於朋友要寬容。最後李先生鼓勵他接受自己的失敗，繼續努力，下次再和那個小朋友下棋。兒子和那個小朋友第二天就和好了，現在仍然一塊兒下棋，有輸有贏。孩子是透過這樣一件件小事長大的，家長還是要找找他們打鬧的原因，才能合理對待。

精神分析學派認為，攻擊行為是一種本能內驅力的結果。目前公認的觀點是，攻擊行為是對於挫折的一種反應。還有人認為，攻擊行為是一種社會學習行為，是透過觀察別人的攻擊行為，從學習中獲得的。有人指出，挫折或憤怒的警戒，會誘發攻擊行為。

根據相關調查，具有攻擊行為的孩子，從性別來看，男多於女；從獨生與非獨生來看，獨生子女多於非獨生子女；從年齡來看，4～5歲的孩子居多，這時的攻擊行為往往是無意識的，或者是自我意識差，或者想逗人玩，或者好奇心強等。有些也屬於有意攻擊，例如：霸道、動粗、惡作劇、嚇唬人、嫉妒等。到了6～7歲時，有攻擊行為的人數會再次增加。

幫助孩子改正喜歡打人的壞習慣，家長可以採用以下幾種方法：

第二章　規矩的力量：教養的無形支柱

▌強化法

孩子對別人友好，家長可以表示讚賞，讓他體驗到愉快；孩子攻擊別人，家長可以透過適度教育、令其獨自面壁思過一段時間的方式使他感到不愉快；等孩子明白錯誤以後再透過告訴孩子你依然愛他、讚賞孩子知錯認錯等方法消除不愉快體驗。這裡的要點是使孩子能獲得相應的情感體驗，這種方法也叫「情感矯正」，這樣逐漸幫助他建立行為規範。

▌行為塑造法

就是以分步達到的要求來使孩子克服不好的攻擊性行為，做出家長所希望的行為。例如孩子在輸掉遊戲以後耍賴、打人，家長先引導他做到不耍賴，然後讓他做到積極配合、友善對待同伴，每做到一步給他一步的獎勵，最後讓他做到遵守遊戲規則，不對別人無理攻擊。

▌代幣法

代幣法是行為療法中運用最廣泛的方法之一，也稱表徵性獎勵制。

代幣法就是運用代幣並編制一套相應的激勵系統來對符合要求的目標行為表現進行肯定和獎勵。簡言之，就是用獎勵強化所期望的行為。

代幣有著表徵的作用，只是一個符號，在國小裡尤其是以

印章、貼紙等等為代表，也可以是記分卡、點數等等。這種方法對幼兒也很有吸引力。簡單的例子是，父母可以跟孩子說好，不罵人的話發給一個三角形，不打人的話發給一個圓形，幾個三角形或幾個圓形可以換一個五角星，累積多少個五角星就能換一個小獎品……運用代幣法，孩子會慢慢改掉壞習慣。

▌杜絕簡單粗暴的教育方法

控制孩子的攻擊行為，必須避免嚴懲重罰。因為即使孩子表面順從，內心的不滿總要發洩，只要不去傷害他人和自己，就允許他發洩。如有的孩子怕寫不好作業，做功課往往心不在焉，心情緊張。此時，父母應陪孩子打打沙袋，掰掰手腕，使他放鬆之後再繼續讀書。也許有人以為，如果附加體罰，可使攻擊行為減少，但實際上，這往往會使攻擊行為增加，而不是使攻擊行為減少，原因是用體罰去控制兒童的攻擊行為，其本身就產生了攻擊行為的示範作用。

「你應該為你插嘴的行為道歉」

留心觀察就會發現很多孩子都喜歡插嘴。有時別人談話時，他能插嘴數十次，這個毛病很不好，既不能專心聽別人說話，領會別人的意思，又非常不禮貌，會引起說話人的反感，

第二章　規矩的力量：教養的無形支柱

使別人的思路被打斷，不能很流暢地表達自己的思想。

孩子愛插嘴往往是為了表現自己或引起他人的注意。他不去注意聽大人講的事，而是想方設法地表現自己。

針對孩子這一特點，家長應該訓練他善於傾聽別人說話，要聽明白別人說的是什麼，等別人說完後再提問題。有些家長錯誤地認為孩子愛插嘴是機靈、聰明的表現，因而持欣賞鼓勵的態度，這就助長了他愛出風頭的做法，影響了他注意力的集中。家長要告訴孩子在聽別人說話時，應該注視著說話人的眼睛，不能左顧右盼。在聽別人說話時，要領會他人的意思，並記住有哪些不明白的地方，等說話人說完後再提出來。

李同學是一個心直口快的人，在班會上或與別人談話時，總是搶先發言。當別人說話時，他常常打斷，迫不及待地說出自己的想法。他對自己常常打斷別人的講話並沒有絲毫的不自然，反而覺得自己的話能給別人很大的啟示。

一開始，同學們礙於情面，對他這種做法並沒有太介意，可是時間一長，同學們對他就有看法了，有的甚至不願意與他過多來往。他很納悶，為什麼大家會這樣對待自己呢？

李同學勇於表達自己的觀點，這沒有錯，問題就在於他總是隨意打斷別人的講話，不願意做個耐心的聽眾，這是對他人的不尊重行為，久而久之，自然會引起別人的反感。

一位家長在對待孩子打斷別人說話的行為時是這樣做的：

「你應該為你插嘴的行為道歉」

一次，我正和一個朋友說話，4歲的亨利走了過來：「媽媽，我的鞋帶鬆了。」我並沒有馬上幫他，而是說：「媽媽正在談話。談完了，我會幫你。」過後，我告訴他，打斷別人的談話是不禮貌的，但如碰到緊急情況，比如要上廁所或感覺不舒服，要馬上說。不過切記：打斷別人的談話時，一定要先說「對不起」。

家長糾正孩子愛插嘴的毛病，可以參考以下方法：

▊家長要以身作則

有些家長性子急，尤其在與孩子談話時，很難堅持聽完孩子的敘述，總是說：「你不用說了，我知道了。」這樣就會給孩子錯覺，插嘴不是不應該，而是很正常、很自然的事。因此，家長在聽孩子說話時，要有耐心，盡量不要插嘴。

▊明確告訴孩子隨意打斷別人講話是一種不禮貌的行為

亞伯拉罕・林肯說過：首先，要學會做一個好的傾聽者，然後你才會成為生活中的主角。家長要讓孩子明白，學會傾聽別人的談話，不隨意地打斷別人講話，是一種有教養、有風度的表現。

要讓孩子學會尊重他人。只顧自己滔滔不絕，無視他人的存在，是一種不禮貌的行為。聽其他人講話時，先安靜地聽，等聽清楚別人的講話內容後，再準確完整地說清自己的想法。

第二章　規矩的力量：教養的無形支柱

這一方面是孩子尊重他人的表現，另一方面孩子也可以學習到更多的知識。

▍當孩子學會了他人講話時自己等待，家長要及時給予讚美

讓孩子知道有耐心可以讓他獲得更多的注意和表揚，時間長了，孩子就會養成當個好聽眾的好習慣。

和媽媽一起整理，孩子不再亂丟東西

有的孩子總是愛亂丟東西，把東西弄得滿屋子都是，大人總要跟在他們後面收拾。也有的孩子會將自己的東西放得整整齊齊，不用家長操心。無論哪種行為，都不是天生的，而是從小培養的。

一般來講，孩子天生沒有自己收拾東西的習慣，如果家長不注意對孩子從小培養，而是包辦代替，日後就會影響孩子的獨立生活能力。

12歲的凱文有個令人討厭的壞習慣，他每天放學一回到家，就把書包、鞋、外套丟到客廳的地板上。雖然凱文偶爾也會按媽媽的要求把東西都擺放好，但大多數時間都是隨地亂丟。對此，凱文媽媽試過很多方法來矯正他這個壞毛病，但無論是提醒他、責備他，還是懲罰他，都無濟於事，凱文的東西

仍舊堆在地板上。

一天，凱文媽媽終於看到凱文經過客廳而沒有亂丟東西，於是，她立即走上前去，輕輕地擁抱了一下凱文，感謝他的體貼和懂事。凱文剛開始很吃驚，但很快他的臉上就充滿了自豪。因為他將自己的東西帶入自己的房間而受到了媽媽的肯定和表揚，於是在這之後，他就盡力去這樣做，而他的媽媽也記著每次都對他表示感謝。慢慢地，凱文亂丟東西的壞習慣就改過來了。

孩子壞習慣的養成總是與家人有著密切的關係，家長有義務和責任幫助他們改掉這些陋習。很多父母也明白這一點，卻總是苦於找不到好的解決方法。有些父母一旦發現孩子的毛病「屢教不改」就不能容忍，動不動就對孩子發脾氣，甚至打罵孩子。專家指出，家長這樣做不僅不能幫助孩子改正壞習慣，相反，還會影響親子關係。

那麼，如何才能幫助孩子改正亂丟東西的壞習慣呢？

兒童故意丟東西，最主要的原因有兩個：一是得到回饋。東西丟在地上會有聲音，會變形（破損、被壓扁、被肢解等），所以他喜歡。二是得到注意。他丟了玩具，家長一定要來管，一邊替他把玩具放回原處，一邊還要說教，偶爾還會打幾下，間接地就等於給予他注意了，這比無人理睬要好得多。

年齡稍大一些的孩子，或是沒有東西要收拾整齊的意識，

第二章　規矩的力量：教養的無形支柱

或是父母就沒有這種好習慣，孩子看在眼裡，自然而然地也就不會收拾東西。

針對這些原因，家長們可以試試以下方法：

▎不予理睬

讓孩子亂丟的東西散在地上，他要用的時候找不到，這時再和他一起收拾，放回原處，使他有對比，知道哪種結果（散在地上或放在原處）是好的，慢慢地改正他亂丟東西的壞習慣。

▎把不良行為變成好行為

針對孩子把東西丟在地上的行為，家長可以準備幾個大紙盒，讓他把東西放進紙盒裡。

▎要求要具體

如果孩子已經長大了，可以跟他講家裡要有秩序（什麼東西放在哪要有規定）的道理。物品用完了，要放回原處，下次再用，就能馬上拿到。也可以透過故事講出這個道理。

▎經常和孩子一起整理房間

整理好了，一起欣賞。讓孩子感受整潔的房間所具有的美感。

及時讚美

當有一天孩子主動收拾物品了,哪怕只放好一兩件,家長也要大大稱讚。表揚對鞏固行為有很好的效果,受到表揚的行為容易再次出現。

家長要從自身做起

家長要以身作則,家中隨時都要收拾得乾淨、整潔。在這樣的環境中,孩子也就不好意思亂丟東西了。

孩子出口成「髒」?正確引導是關鍵

在公車上,常常會遇到一些髒話連篇的人,這時候周圍的人都會流露出一種鄙夷的表情。如果說髒話的人是孩子,就更讓人聽著難受 ── 外表純真可愛的孩子,怎麼就出口成「髒」呢?

說髒話的孩子會被認為缺乏教養,會被貼上「壞孩子」的標籤,它直接影響到人與人之間的交際,因為幾乎所有父母都不願意讓自己的孩子和說髒話的人交朋友。

貝貝學話慢,平時又不太愛說話,一度讓貝貝媽擔心她是不是有語言障礙。自從上了幼稚園後,貝貝學新詞彙的速度突飛猛進,說話也流利了很多。只是,孩子的童言童語裡,時不

第二章　規矩的力量：教養的無形支柱

時會蹦出一兩個不雅詞彙來。

一開始貝貝媽也沒有很在意，直至有一天，貝貝媽帶貝貝跟朋友在外面吃飯。期間，朋友拿著布丁逗貝貝玩，搶不到布丁的貝貝勃然大怒，突然惡狠狠地爆出一句：「去你×的！」

聲音不大，落到貝貝媽耳裡，卻如驚雷。她一方面覺得，女兒怎麼越來越粗俗了；另一方面又覺得，自己女兒在大庭廣眾下這樣爆粗口罵人，顯得非常沒有家教，太丟臉了。

朋友被罵得愣了愣，表情僵硬，不好意思和一個小孩子計較，但心裡多少也是不舒服的，憋了半天，半提醒半調侃地對貝貝媽說：「還是得管管孩子。這麼小年紀，還是個女孩，就學會說髒話──小心以後嫁不出去。」貝貝媽尷尬萬分，只能不停地向朋友賠不是，表示回家會好好教育貝貝。

而那個闖了禍的孩子，則一臉無辜地吃著她的布丁，壓根就沒有感受到大人之間的「暗潮洶湧」。

幾乎所有的孩子都罵過人或說過一些髒話。某一天，當你發現孩子用帶著稚氣的聲音說出「去你×的」、「呷賽」、「北七」等語言時，作為家長的你，不禁會感到緊張和擔憂，生怕孩子從此學壞。

那麼，我們該怎麼處理，才能把這些不雅的詞彙從孩子的腦袋裡清除出去呢？

通常講，孩子是不會故意侮辱別人的，所以他可能並不

明白這句話的確切意思和惡劣程度。比如：貝貝罵的那句「去你×的」，貝貝媽後來問她為什麼要說出這麼讓人不舒服的髒話，貝貝很委屈地說：「我只是讓阿姨回她媽媽那裡去！」貝貝媽聽了哭笑不得。

上幼稚園的孩子，語言發展迅速，會模仿生活中常接觸到的人或電視節目中的人的語言。因為他們好奇心特別強，又沒有足夠的能力來鑑別一些詞、一些話的好壞，所以，對於不經意間傳入耳朵的新鮮詞彙「死胖子」、「笨豬」等，他們會特別感興趣，不管好的壞的，他們都先學了再說。而學了，並不代表他們真的懂了，出現用詞不當的情況也就不足為奇了。

由此可見，說髒話只是孩子成長過程中的小插曲，父母千萬不要反應過激，但還是應該及時糾正，其中正確引導是關鍵。

面對愛說髒話的孩子，以下幾點需要家長格外注意：

▋不過分在意，盡量冷處理

孩子的髒話往往並不「髒」，也就是說他們的髒話只有「髒」的形式，而不包含「髒」的內容。因此，在我們眼中洪水猛獸般的髒話，對孩子來說只是意味著有趣或者沒趣，並沒有太多含義，父母不必過分大驚小怪，反應過度。

如果孩子罵人「傻」，家長很驚訝，表現出異常憤怒的樣子，警告孩子「再說就打你」，孩子看到一個字把大人緊張成那樣，可能會覺得很好奇、很好玩，以後就會有意重複這個

第二章　規矩的力量：教養的無形支柱

字、這句話來引起大人對自己的關注。

對於孩子說髒話，父母冷靜以對是最重要的處理原則。不打不罵不講理，假裝沒聽見，對他不理不問。讓孩子覺得，這個詞毫無意義，重複幾次這樣的冷淡場景，他就會自動停止說這個詞了。

▎淨化孩子的語言環境

兒童是透過模仿來學習語言的。如果家長經常說話粗俗，滿口髒字，對待鄰居、同事的態度惡劣，當然也就別指望孩子多文雅了。

所以，父母應該提高自身的修養，自己千萬不能說髒話，要為孩子樹立一個好榜樣。然而，很多父母在家時都不注意這一點，動不動就說髒話，孩子耳濡目染，自然也會受到影響，開始說一些髒話。而且，言傳重於身教，父母千叮嚀萬囑咐告誡孩子不要說髒話，可是自己卻髒話連篇，這讓孩子怎麼能信服呢？

另外，父母要經常留心孩子周圍小朋友的情況，為孩子選擇懂禮貌的玩伴，以減少相互學罵人的機會。

▎給予正確引導

3歲以上的孩子，就可以跟他講道理了。不妨先詢問他是否知道說這些語彙是不尊重人、不成熟的行為。他真正想說的是什麼？如果換個方式，他會怎樣表達？只要能耐心向孩子說

明，他就會信服你。

孩子說髒話固然不好，但父母不妨透過這個契機，幫助孩子樹立是非觀念。看卡通或者讀繪本的時候，如果有罵人的情節，父母就可以藉機告訴他，哪些詞是不好的，別人不喜歡聽，不能用；哪些詞是好的，大家喜歡聽，可以用。讓孩子理解詞語的意義，學習正確的表達方式。

配合一些小小的懲罰

對於 5 歲以上的大孩子，如果給予警告之後，仍然說髒話，父母就可以設立相應的懲罰機制。比如：如果說髒話，就沒收他最喜歡的玩具，或者取消他今天的糖果……一旦向孩子宣告了這樣的決定，父母無論如何都要堅持，不能因為孩子哀求或其他原因而輕易放棄原則。

家有任性「屁孩」也不怕，來試試對比誘導法

法國教育家盧梭在《愛彌兒》一書中曾指出：「你知不知道用什麼辦法一定可以使你的孩子受到折磨？這個方法就是：一貫讓他要什麼東西就得到什麼東西；因為有種種滿足他的欲望的便利條件，所以他的欲望將無止境地增加，結果，使你遲早終有一天不能不因為力量不足而表示拒絕；但是，由於他平素

第二章　規矩的力量：教養的無形支柱

沒有受到過你的拒絕，突然碰了這個釘子，將比得不到他所希望的東西還感到痛苦。」

盧梭還舉例說：「他們竟想叫人一下子把房子撞倒，竟要人把鐘樓上的風向儀拿下來給他們，竟要人攔住正在行進中的軍隊，好讓他們多聽一會兒行軍的鼓聲⋯⋯他們偏偏要那些不可能得到的東西，從而處處遇到牴觸、障礙、困難和痛苦。成天啼哭，成天不服管教，成天發脾氣，他們的日子就是在哭泣和牢騷中度過的；像這樣的人是很幸福的嗎？」

任性的習慣已經成為當代少年兒童主要的不良習慣之一。所謂任性，就是放任自己的性情，做事情的時候往往對自己不加約束，想怎樣就怎樣，愛做什麼就做什麼，不分是非，固執己見，明明知道自己不對還要繼續做下去。任性的孩子常常用一些手段來威脅他人，如不吃飯、大哭大鬧、自殺、離家出走等。任性對孩子的成長具有負面影響。任性的孩子容易四處碰壁，甚至走上犯罪的道路。

有一個被寵壞的孩子，他說他很愛這個世界——家庭條件那麼好，爺爺奶奶爸爸媽媽又疼他，成績也不錯，人長得還帥氣⋯⋯小時候的一個晚上，媽媽帶他去朋友家串門。回到家，他突然發現一直捏在手裡的一塊糖沒了。那糖是媽媽的朋友給的，他家沒有這樣的糖，但是他要！他滿地打滾地哭。

爺爺奶奶爸爸媽媽實在心疼，便帶上手電筒，傾巢出動，

沿著來路進行「地毯式」大搜索。眼看到了12點了，糖還是沒有找到。媽媽看著因絕望而哭得死去活來的孩子，終於硬著頭皮敲響了朋友家的門。

他要什麼就一定能得到什麼。後來他長大了，想要一個女朋友。但是他看上的女孩根本看不上他，他不再躺地上打滾，而是拿起一把刀子割破了自己的手腕……在醫院，他被搶救過來。但是他又開始絕食。父母哭著對他說：「你想把我們急死？不就是一個女孩嗎，你人生的路還長著呢！好女孩多得是。」他狠狠地說他就想要她。

是的，從小想要什麼就有什麼的孩子憑什麼不可以歇斯底里地瘋狂叫囂「我要」？得到了是天經地義，得不到就自傷自殘。從一塊無理的糖開始，那個孩子就被無休止的溫柔滿足著，直至失去了人形。

隨著獨生子女家庭逐漸攀升，許多父母任意地溺愛孩子，過多地滿足孩子的一切物質要求。這種以孩子為中心無原則給予的愛，勢必會使孩子在生活、校園中以自我為中心，缺乏社會責任感，也毫無尊重他人的概念，異常任性和粗暴。

從心理學的角度來看，任性是兒童意志薄弱、缺乏自制能力的表現。

一般來說，孩子任性並非天生的，而是家長不良教育的結果。

第二章　規矩的力量：教養的無形支柱

　　面對孩子任性，有些家長抱著僥倖心理，認為現在孩子還小，讓他使使性子吧，等孩子大了自然就會好的；另一些家長則以自己的任性來對付孩子的任性，你越不聽，我越要你聽不可；還有一些家長互相推卸責任，孩子任性耍潑，爸爸說是媽媽慣的，媽媽說是爸爸寵的。這幾種態度對孩子都是不利的，因為孩子的任何不良性格與行為，都是從小慢慢形成的，要從小嚴格管教，才能及時防範與杜絕不良行為的發生。

　　對於怎麼愛孩子，美籍華人作家薛涌提出了一個新理論──「孩子要寵不要慣」。所謂寵，就是滿足孩子的一切感情要求，讓他們從小生活在一個充滿愛的精神世界裡。但是另一方面，該嚴要嚴，絕不能慣，不能放任他們養成任性妄為的壞習慣。

　　其實，孩子任性是由多種原因引起的，有些孩子任性是為了滿足某種物質要求，有些孩子任性是想得到別人的承認，有些孩子任性是因家長的教育不當。

　　那麼，如何防止和改正孩子的任性呢？家長根據孩子的不同情況，可以採取以下幾種方法：

▎轉移孩子的注意力

　　由於孩子注意力集中時間短暫，家長可利用孩子注意力容易轉移的特點，在孩子任性時，想辦法轉移他的注意力，使他高高興興地服從大人的要求。如去商店買東西，孩子不肯走

時，可以說：「你看其他小朋友笑你了，你看你把衣服都弄髒了，明天怎麼上幼稚園呀？」將其注意力轉移到別的地方去，以擺脫眼前的困境。

又比如孩子去兒童樂園玩溜滑梯，玩個沒完，不肯回家，你可以說：「你看那邊好像有什麼好玩的，去看看。」這時孩子會停止玩溜滑梯跟你走。不過家長不可騙孩子，要真的帶孩子去你們說的方向看看或買點東西給孩子吃。

▍家長要冷靜分析孩子的要求是否合理

有些孩子任性起來很激動，家長一時難以說服。這時候，應讓孩子先冷靜下來，再給予教育，切忌「暴力」解決。

家長要冷靜分析一下，孩子的要求是不是合理的，合理的應予承認，盡可能給予滿足，一時不能滿足的，也要跟孩子講清道理。不合理的要求，家長一定不能遷就，否則，孩子會更加任性。

對於每當要求不能滿足就要糾纏不休的孩子，家長一定要耐心，不去理他，使他自覺沒趣，即使哭了也會停止。這時再跟他講為什麼不能滿足他的要求，使孩子明白哭鬧既沒有用，也沒有道理，下次也就不再鬧了。

▍對比誘導法

任性的孩子好勝，自尊心強，可使用對比誘導法，用他所了解的英雄偉人的事蹟與其行為對比，使其好勝心和自尊心受到刺

第二章　規矩的力量：教養的無形支柱

激，使他從另一個角度去認識問題，主動地改變任性的行為。

此外，家長還可為孩子創造條件，讓孩子多和同齡人來往，平等相處。

■家長既有權威又能尊重孩子的民主型教育

這樣的家長能培養出情緒穩定、善於控制自己和約束自己的孩子，孩子也很少任性。

■家長要注意檢查一下自己在日常生活中是不是也任性

家長的任性往往會影響孩子，使孩子在潛移默化的過程中也學會了任性。所以說，「孩子是家長的影子」。

此外，家長切忌以任性來對待孩子的任性，這樣做，孩子的任性非但不會減輕，反而會加重。因為家長實際上有著「示教」和「榜樣」的作用。因此，在這樣的家庭中，只有先改正家長的任性，孩子的任性問題才能迎刃而解。

■家長要想辦法使孩子擴大視野，增長見識

孩子知識多了，就會改變自己過去一些錯誤的做法。

孩子愛「順手牽羊」怎麼辦？

皮特媽媽最近發現兒子回家後，書包裡總是會多一些陌生的小東西：蜘蛛人玩偶、漫畫書、玩具水槍。很顯然這些東西

不是他自己的。媽媽經過了解，知道皮特竟然染上了「順手牽羊」的壞毛病，不禁為此焦慮起來。

孩子在成長過程中，總會有這樣那樣的過失行為，這些過失行為往往帶有很大的盲目性、偶然性、試探性和好奇性。「順手牽羊」也是一種過失行為，但學齡前兒童的這一行為並不算是「偷」，因為他們還不具有「偷」的概念。

例如：有時孩子玩餓了，找不到東西吃，或者看見別的小朋友有一種玩具，自己沒有，就會拿抽屜的錢去買或乾脆直接拿走。家長應理智地去分析，找出其原因，不可粗暴地把這種行為叫做「偷」，不要用成人的是非標準來衡量未成年人。

像皮特那樣，把別人的東西偷偷地拿回家，這種現象在4～6歲的孩子中並不少見，產生這種行為的常見原因有：

■「別人的東西不可以拿」的觀念還沒有形成

由於這個年齡層的孩子正處於自我中心時期，尚沒有「物權」的概念，還不能很好地把自己的東西和別人的東西加以區分。只要他喜歡的，他就認為可以拿回自己家，至於是否要徵得別人的同意，他還沒有這個概念，或者說這個概念的約束力還不夠強。

■家長過於遷就孩子

如果家長對孩子的任何要求都過於遷就或立即滿足，孩子就會習慣於想要什麼，就能得到什麼。在他看來，他想得到的

第二章　規矩的力量：教養的無形支柱

就是他的,拿別人的東西也就是自然的,不足為奇。

▍孩子為了顯示自己強大

如果此時旁邊的其他孩子也欣賞他拿別人東西的行為,那麼,他就會錯認為自己拿別人的東西是一種勇敢的表現。

▍孩子的合理要求沒有得到應有的滿足

由於孩子的合理要求沒有得到滿足,他們從家長那裡得不到自己想要的東西,但又羨慕別人的東西,於是他就會採取「拿」別人東西的辦法。

▍父母不良行為的影響

當孩子看到父母從工廠或辦公室把東西拿回家時,他會以為拿別人的和公家的東西是正常的,於是他自己也會效仿父母去拿別人的東西。

如果碰到這種情況,家長該怎麼辦呢?

▍不聽之任之

即使在家長看來是不值錢的東西,也絕不能默然處之;也不能因為愛面子,怕孩子的舉動會引起別人的誤解,索性教孩子如何隱瞞;更不能採取讚賞縱容的態度,使孩子心安理得甚至沾沾自喜。這樣都會助長孩子的占有欲,使孩子養成貪小便宜的壞習慣,孩子將來就有可能發展到去偷竊。

▋不大發雷霆

在孩子的心目中,「自己」和「別人」的基本概念尚不十分清楚,只知道「我想要」,不知道拿別人的東西來滿足自己的欲望是不道德的、不應該的。此時家長應該以溫和又嚴肅的態度引導孩子講出為什麼要拿別人的東西,然後耐心告訴孩子不能隨便拿別人東西的道理。家長可以和孩子討論:「如果你喜歡的玩具不見了,你會怎麼樣?會難過是不是?」

家長要讓孩子意識到自己的行為給別人帶來了不便和煩惱,並要求孩子及時把東西送還人家。送還的時候家長最好能陪孩子一起去,在這個過程中又可以加深對孩子的教育,告訴孩子:「不管什麼時候,只要你拿了不屬於自己的東西,就必須把它送回去。」

如果家長剛發現孩子這種情況,就斥責他是「偷」別人的東西,甚至加以打罵,這只會損傷孩子的自尊心,往往使他連送還東西的勇氣都沒有了。因此,為了保護孩子的自尊心,家長在與孩子交談時,切不可使用「偷盜」等詞語,而要用「拿走」、「帶走」這樣的詞來代替。

▋幫助孩子建立所有權觀念

家長要開動腦筋,儘早幫孩子建立起所有權的觀念,即讓孩子知道尊重別人的所有權。父母可以「以身作則」,在收好自己物品的同時,囑咐孩子及時歸置好自己的物品,並告訴孩

第二章　規矩的力量：教養的無形支柱

子,「這是你的玩具」、「那是爸爸的書」……家裡每個人都有私人物品,這些東西,如果沒經過它的主人允許,是不能隨便動的。父母還可以向孩子借用玩具或紙筆,並告訴孩子要使用多長時間,徵得孩子的同意,方可把物品帶走,在歸還時要向孩子說「謝謝」。

此外,父母還可以在平常帶孩子逛街買東西時,讓孩子體會「不是自己用錢買的東西就不可以拿回家」。這樣,孩子慢慢地就了解了什麼是可以拿的,什麼是不可以拿的。

是你「逼」孩子撒謊的

說謊是孩子常見的行為,也是家長教育不當的結果。由於年紀小,孩子不能區分真實與想像、理想與幻想的不同,有時他是在表達自己的意向,可是在大人看來就像是在說謊。4歲以前,孩子會把父母是否高興作為衡量自己行為對與錯的標準。比如:孩子把碗打碎了,認為媽媽一定會生氣,這時他就會說「是貓把碗打碎的」。這個年齡階段的孩子是意識不到自己說謊行為的性質的。

然而,對於6～7歲的兒童,如果家長沒有注意到孩子是因怕家長生氣而不承認自己的錯誤行為,也沒從道理上使其明白行為的性質和界限,也不做必要的耐心的糾正,這種行為就

會慢慢固定下來，養成習慣，孩子就會用說謊來逃避責任。

說謊的常見原因有以下幾種：

▌家長「逼」出來的謊言

奧地利心理學家阿爾弗雷德・阿德勒曾經說過：「當我們面對說謊的案例時，一定要看其背後是否有嚴厲的父母。」

孩子做了好事會被讚揚，所以做了任何好事都不會瞞著大人。但曾經犯錯被父母懲罰的孩子，由於習得的經驗，他們在下次犯錯時就會選擇撒謊來逃避懲罰。當撒謊逃避懲罰的行為得逞後，孩子撒謊的行為便慢慢固化下來了。

▌家長「教」出來的謊言

孩子模仿性強，可塑性大，家長的一言一行，他都會看在眼裡、記在心上，受到潛移默化的影響。

▌為了滿足某種目的而說謊

這種情況常見於 5～6 歲的孩子，他們為了得到某種利益而說謊。對於父母而言，讓孩子知道無論在家裡還是在外面，說謊都會陷入更糟糕的麻煩中，這非常重要。

艾瑞克媽媽接到校長打來的電話，被告知兩天前艾瑞克在休息時間揍了某個同學，老師讓他帶張字條回家讓父母簽名，但是，艾瑞克並沒有把父母簽名後的字條帶回學校。

當然，媽媽對字條的事一無所知，她謝過校長，答應等

第二章　規矩的力量：教養的無形支柱

艾瑞克回家後她馬上處理這件事。媽媽知道艾瑞克的脾氣很暴躁，以前就沒少惹禍。

艾瑞克放學回家了。

「媽媽，我回來啦！」他像天使一般。

「放學啦！」媽媽抑制住怒氣。她努力提醒自己小孩子常常會做這樣的事。

「今天學校沒有東西要交給我嗎？」媽媽想給艾瑞克最後一次機會。

「沒有呀。」艾瑞克一邊平靜地回答，一邊仔細地在餅乾罐中翻找著。

「我剛接到你們校長的電話。他說兩天前你就應該給我一張字條，上面說你在休息時間行為不當。字條還得由我簽名。」

她很快提醒自己，覺得沒有必要再問他「你確定嗎」之類的問題，那只會給他再次撒謊的機會，且使自己受挫。

「哦，我弄丟了。」艾瑞克低頭看著地板說道。

「我知道了。」媽媽點點頭，「那你至少也要告訴我這件事。」

「我忘記了。」艾瑞克聳聳肩膀說。

「但是我很懷疑，你可能只是希望我不會發現吧！」媽媽就事論事地說。

艾瑞克又聳了聳肩膀。

「艾瑞克，你知道我不喜歡你總是惹禍，我想了解你究竟做了什麼。但讓我更難過的是，你還說謊。」

「我沒有！」艾瑞克抗議說，「我什麼也沒有說。」

「那就是說謊。沒有把字條帶回家，於是說『我弄丟了』，但事實上你沒丟。」媽媽做出解釋。

「我很抱歉。」艾瑞克溫順地說。

「因為你打人，我該罰你2天不能看電視。你知道爸爸和我已經跟你說了很多次，生氣時，要動口，不能動手。這次你還不把字條給我們看，所以罰你4天不准看電視。」

「這不公平。」艾瑞克大叫。

「這很公平，因為你說了謊。我們家是不准說謊的。而且，艾瑞克，你以為會發生什麼事？你當然知道我們早晚會發現字條的事，你以為我會怎麼做？」

「我不知道……」艾瑞克咕噥著，「我知道妳會大發雷霆。」

「那又怎麼樣呢？」媽媽平靜地說，「就算我大發雷霆又怎樣呢？我還是愛你的。」媽媽微微一笑，「即使你4天不能看電視，那也是很短暫的時間。你現在明白說謊會得到加倍的懲罰了吧？」

艾瑞克沒有再說什麼，默默地回到自己的房間。

第二章　規矩的力量：教養的無形支柱

幾乎所有的孩子都撒過謊。艾瑞克撒了謊，但和媽媽的對話卻讓他擺脫了心理上的包袱。其實，他內心明白父母早晚會發現的，而現在他知道了懲罰雖然令人不快，卻並不恐怖。他告訴自己，下次他會承認錯誤，那樣的話，他就不會錯過一個星期的《湯姆貓與傑利鼠》了。

培養一個誠實的孩子是很重要的，這樣的孩子在面對自己的錯誤時，不會感到自卑，反而會勇敢面對。孩子勇於承認錯誤，父母鼓勵，看重的是他的誠實，而非他的錯誤本身。這樣做的結果是，孩子會明白即使為此受到懲罰，但還是能被愛和被重視。

說謊是一種不愉快的經驗，不管說謊者還是被騙者，都會感覺不舒服。簡而言之，如果能夠選擇的話，孩子很可能更願意不去說謊。他說謊只是因為他不想惹麻煩，擔心失去某種權利，無法再做某些他很想做的事情等等。

謹記，父母清楚地表示說謊會受到加倍的懲罰，孩子就會在冒險之前，再三考慮，因為大多數孩子都明白謊言被揭穿的可能性是相當大的。要想有效制止孩子的撒謊行為，父母應注意掌握以下一些技巧：

▍深究原因，給予懲罰

父母要深入探究孩子說謊的原因，並且有針對性地加強懲罰。如果孩子是害怕你生氣，你就需要解釋你的怒氣其實來自

失望和受到傷害,因為你相信你和他之間存在某種信任感,可以包容他偶然的犯錯。你應該要求他坦言是否做了錯事,你也向他坦言他應該接受相應的懲罰。這樣,你就不會太失望,因為你不喜歡他再用說謊去錯上加錯。

■父母一定要做到不撒謊

父母不但要做到在孩子面前不撒謊,而且還要注意不要暗示孩子撒謊。因為很多父母經常用刺激孩子說謊的方式了解他們做的事情。

■孩子拒絕承認,你要查明原因

如果在證據確鑿時,孩子仍堅持不承認撒謊,你就應該平靜地問他為什麼這麼做。換言之,你強調的重點不在於要他承認說謊,而在於討論當事實已經擺在眼前時,他為什麼還要堅持否認。這時,父母要盡量控制自己的怒氣,否則只會讓他更難以面對真相。可以試著問他一個問題:「如果真相大白,你想你會怎麼樣?」

■孩子坦白實情,你要先稱讚後懲罰

如果孩子決定不再撒謊,並告訴你實情,你一定要記住稱讚他,但不要忘記懲罰。你可以說:「我很高興你告訴我了,我相信你是可以信任的。你如果不說實話,我會罰你 2 天不准騎腳踏車。但現在,你只需要為那個錯誤承擔一定的責任,所以我把懲罰減少了 1 天。」

第二章　規矩的力量：教養的無形支柱

▋父母要自我反省

父母要捫心自問：是不是自己的原因促使孩子撒謊？你要試著誠實地評價：你是否無法接受壞消息？你是否經常做出強烈並且令人感到畏懼的情緒反應？如果是，那麼是你自己提供了孩子撒謊的基礎。

說謊並不是悲劇，不過這種行為表示孩子有所隱瞞。他不是害怕他的所作所為，就是害怕你。不管哪種情況，如果孩子知道你會適當地處理不當行為，並且考慮他的需求，那麼說謊的情況就能得到相當程度的改善。

最後，提醒有些父母，如果你認為孩子小小的謊言沒有什麼危害，甚至覺得他們很滑稽可愛，那麼切記，撒謊一旦養成習慣，在孩子長大後就會變成罪惡的根源。並且，這種習慣一旦養成，再期望去改變它，只會是事倍功半。

孩子驕傲自大？也許是你獎勵過度了

巴夫洛夫說過：「無論在什麼時候，永遠不要以為自己已經知道了一切。不管人們把你們評價得多麼高，但你們永遠要有勇氣對自己說：我是個毫無所知的人。」

在現代家庭中，由於受到特殊的家庭環境的影響，獨生子

孩子驕傲自大？也許是你獎勵過度了

女容易產生驕傲自大的情緒。謙虛使人進步，驕傲使人落後。驕傲自大會對孩子的發展產生消極影響。驕傲自大的孩子往往不屑於與別人交往，心胸會變得很狹窄。他們雖能取得一定的成績，但往往只滿足於眼前取得的成績，而且他們看不到別人的成績。驕傲自大的孩子很難和同學們友好相處，因為他們不能做到平等相待，總是以高人一等的態度對待人或喜歡指揮別人。

教育家卡爾・威特在教育自己的兒子時，就非常注意表揚的方式，為的就是不讓小威特驕傲自大。

對於兒子的善行，老威特會加以表揚，但為了防止他自滿，不會過分表揚。在向小威特傳授知識時，他也注意不讓兒子自滿，比如：他交給兒子許多知識，但不告訴他這是物理學上的知識、那是化學上的知識等等，為的是防止小威特狂妄自大。

在小威特長大一些以後，他父親就這樣對他循循善誘：「無論怎樣聰明、怎樣通曉事理、怎樣有知識的人，與無所不知、無所不能的上帝相比，只不過是九牛一毛，滄海一粟。只有粟粒大的一點知識就驕傲的人，實際上是很可憐的。」「不要把人們的表揚放在心上，喜歡聽表揚的人必然得忍受別人的中傷。被人中傷而悲觀的人固然愚蠢，稍受表揚就忘乎所以的人更是愚蠢的。」

威特父親就是用這種方法來教育小威特防止他驕傲自滿

085

第二章　規矩的力量：教養的無形支柱

的，儘管這樣做要費很大的工夫，但他最終還是獲得了圓滿的成功。

與威特父親大不相同的是，當今的父母大多喜歡在眾人面前炫耀孩子在各個方面的「與眾不同」，這樣就很容易使孩子滋生驕傲情緒。

據專家們研究顯示，那些靠天賦的神童，往往容易「夭折」。一些潛力無窮的孩子之所以沒能如願地在未來成為棟梁，正是由於他們的驕傲自滿、狂妄自大。世上再沒有比驕傲自大更可怕的了，驕傲自大會毀掉英才和天才。

由此可見，家長和社會對孩子過多的誇獎與肯定，會讓孩子覺得別人都不如自己，從而看不起別人，產生驕傲自滿的情緒。除此之外，優越的家庭環境，以及父母表現出來的驕傲情緒也都會對孩子造成影響。

當孩子出現驕傲自大的情緒時，父母應該怎麼辦呢？

對孩子的讚美要適度

有些父母覺得自己的孩子很優秀，逢人就誇。這樣做滿足了父母的虛榮心，對孩子的心理發展卻極其不利，孩子會認為自己就是最優秀的，從而看不起別人，狂妄自大。

幫助孩子樹立正確的價值觀，正確認識自己

比如透過向孩子講一些具體的事例來讓孩子知道「天外有

天」，世界上總是會有比自己更優秀的人存在。切不可因為取得一點點成績就沾沾自喜，盲目自傲。

告訴孩子人各有長短，即使是最卑微、最弱小的人，也有其他人所不及的地方，同樣，再強大的人也有他自己的弱點。不可用自己的長處去與他人的短處比較。

▎盡量不要給孩子過多的物質獎勵

過於優越的環境會讓孩子產生一種高高在上的心理感覺，從而看不起一些條件普通的同伴。盡量不要給孩子過多的物質獎勵，防止孩子因獲得過多的物質獎勵而產生畸形的滿足感，從而削弱進取意識。家長要讓孩子明白，好條件是父母創造的，他其實和其他同學一樣，沒有什麼特別的地方。

▎家長不能在孩子面前表現出任何的驕傲情緒

家長要為孩子樹立榜樣，謙虛友善，胸懷坦蕩。家長的示範和家庭的良好氛圍，最有利於孩子健全人格的形成。

第二章　規矩的力量：教養的無形支柱

第三章
從「壞」到「好」：逃學生的蛻變之路

—— 10個規矩讓孩子成就卓越

第三章　從「壞」到「好」：逃學生的蛻變之路

孩子功課好，貴在會用腦

　　腦科學研究結果顯示，人的大腦在理論上的資訊儲存量，相當於藏書 1,000 萬冊的圖書館的 50 倍，高達 5 億本。大腦的潛能，幾乎接近於無限。但是，到目前為止，人類普遍只開發了大腦的 5%，仍有巨大的潛能尚未得到合理的開發。換一句話說，一個人的大腦只要沒有先天性的病理缺陷，就可以說他擁有可以成為天才的大腦，只要大腦的潛能得到超出一般的合理開發，他的能力就不會比愛因斯坦遜色。

　　但是，大腦潛能的開發，並非一蹴而就，如果「拔苗助長」，結果只會使孩子用腦過度，甚至發生悲劇。

　　德國神童海尼根就是前車之鑑，他出生沒多久就能說話，2 歲就能誦讀《聖經》，還掌握三門語言。正當人們津津樂道於他的聰明才智時，突然傳來由於壓力過重，4 歲半的海尼根罹患乳糜瀉，最終不幸夭折的噩耗。諸如此類的例子，不勝列舉，許許多多的天才兒童，一夜之間名揚四海，不久就銷聲匿跡，或者傳出不幸的消息。

　　家長不必羨慕別人家出了個天才兒童，其實自己的孩子也擁有天才兒童一樣的大腦。而當一些天才兒童不幸夭折時，家長應該在培養自己孩子上借鑑經驗，吸取教訓，千萬不要造成兒童用腦疲勞，要讓孩子養成科學用腦的好習慣。

家長們應該明白：開發大腦不等於掠奪式地使用大腦，「頭懸梁，錐刺股」並不是一種科學的學習方式。「刀不磨不快，腦不用生鏽」也是一種錯誤的用腦觀念，不值得提倡。

　　腦科學研究成果顯示，在腦疲勞的狀態下，人就會出現頭昏腦脹、記憶力下降、反應遲鈍、注意力分散、思維紊亂等心智活動難以正常進行的惡性反應。同時，長期腦疲勞，還會出現失眠、恐懼、焦慮、健忘、憂鬱等症狀，有的甚至會危及生命。

　　由此可見，腦疲勞不僅不能開發大腦，而且還會嚴重地影響到人的智力潛能的正常開發。過度的腦疲勞，還會導致心腦血管及精神疾病，嚴重地損害人的身心健康，這是家長們所不願看到的。

　　那麼怎樣的用腦方法才是科學合理的呢？相信每個家長都希望自己的孩子有一個聰明的頭腦，可是常找不到使自己孩子更為聰明的切實可行的方法，以下幾點建議可以給父母很好的參考：

▎不宜長時間地使用大腦

　　心理學研究發現，健康兒童連續用腦 30 分鐘，血糖濃度在 120 毫克以上時，大腦反應快，記憶力強；連續用腦 90 分鐘，血糖降至 80 毫克，大腦的功能尚正常；連續用腦 120 分鐘，血糖降至 60 毫克，反應遲鈍，思維力較差；連續用腦

第三章　從「壞」到「好」：逃學生的蛻變之路

210分鐘，血糖就會降至50毫克，這時便會頭昏、頭痛，會暫時失去工作能力。因此，不宜長時間地使用大腦。一般認為，國小生寫功課或看書學習的連續時間不宜超過1小時。

▍宜五官並用、手腦並用地參與學習

有人發現，學習同一內容，如果只用視覺，可接受20%，如果只用聽覺，可接受15%，如果視聽並用，可接受50%，這一發現說明，學習時多種感覺器官共同參與，可明顯提高學習效率。

▍宜將不同的學習內容錯開進行

孩子在讀書時，不同的學習內容，會在大腦皮層的不同區域形成興奮點。如學習算術可在大腦皮層的某區域形成一個興奮點，學習英文在大腦皮層的另一區域形成一個興奮點。因此，倘若長時間學習同一內容，則必然會使大腦皮層某一區域的神經細胞負荷加重，如果能交錯學習不同的內容，可使大腦皮層不同區域的神經細胞輪流工作，獲得充分休息，以更好地學習。

▍宜充分利用「最佳用腦時間」

每個人每一天都有一個最佳的用腦時間，有的孩子早上腦子特別靈敏，記憶力最好，而有的孩子則晚上頭腦最清醒，學習效果最好。家長應了解並充分利用孩子的「最佳用腦時間」，以提高孩子的學習效果。

▍保證充分的睡眠

睡眠是大腦的主要休息方式，充分睡眠才能使大腦消除疲勞，確保大腦正常工作。因此，家長應安排好孩子的睡眠時間，應使孩子睡得足、睡得好，且不讓孩子開夜車，以免影響孩子的健康。

▍注意體育鍛鍊和體力活動

體力活動可以促進腦細胞新陳代謝，消除大腦疲勞，尤其是體育鍛鍊，可以提高神經系統的反應能力和靈活性，有助於提高孩子的視力、聽力、觀察力和思維能力。

家長要教育孩子不能忽視體育鍛鍊和體力勞動，更不要把讀書和體育鍛鍊及體力勞動對立起來，以為鍛鍊身體和適當參加體力勞動是浪費時間，會影響功課，殊不知這恰恰是孩子科學用腦的重要方法之一。

▍宜飲食合理，營養充足

孩子在緊張地學習時，會消耗大量的營養物質和氧氣，如果得不到及時的補充，大腦就會受到損害。合理的飲食，充足的營養，豐富的蛋白質、維他命和礦物質可確保大腦神經細胞正常代謝的需求。因此，兒童宜進食適當的動、植物蛋白質，如肉類、禽類、海鮮、豆製品等，還要適當食用新鮮蔬菜、水果，以補充維他命和果糖。

第三章　從「壞」到「好」：逃學生的蛻變之路

■ 提供良好的讀書環境

大腦是耗氧最多的器官，充足的氧氣可以提高大腦的工作效率。因此，要注意空氣新鮮，經常開窗換氣。

心理學的研究顯示，光線的明暗會影響孩子的判斷能力，明亮的光線可使人清醒。

■ 給孩子空間和時間

要給予孩子的空間，不要一直把他們關在家裡，要盡可能多地接觸社會，認識社會，適應社會。表面看來，這樣做，讀書時間似乎少了，但實際上孩子學到的內容多了，智力發展快了，讀書熱情也提高了，這一點常被許多家長誤解或忽視。

關於科學用腦還可以舉出多種方法，但中心只有一個，就是必須按照人腦活動的規律辦事，不能違背大自然法則。

六大金句激發孩子思考能力

德國數學家高斯，是近代數學奠基者之一，在歷史上影響之大，可以和阿基米德、牛頓、歐拉並列，有「數學王子」之稱。

高斯非常善於思考，這種良好的思維習慣在他小時候就已經表現出來。高斯的父親是泥瓦廠的工頭，每星期六他都要發

薪水給工人。在高斯3歲時，有一次當父親正要發薪水的時候，小高斯站了起來說：「爸爸，你弄錯了。」然後他說了另外一個數目。原來小高斯趴在地板上，一直暗地裡跟著他爸爸計算該給誰多少工錢。重算的結果證明小高斯是對的，這把站在那裡的大人都驚得目瞪口呆。

小高斯10歲時，有一次他的數學老師讓他們全班解答一道習題：立即計算出「1＋2＋3＋……＋100＝？」。這個題目在今天早已家喻戶曉，可是在那個時候、那個場合，對於一群小學生來說，還真不容易。要算出這麼長的算術題耗時不少，孩子們都想第一個算出來，便立刻在草稿紙上做了起來。

只有小高斯還沒有開始動手，不是想偷懶，也不是發呆，他在想，難道一定得經過這麼複雜的運算過程嗎？從客觀上說，他在進行思維的謀劃，謀劃的目的是要尋找一種能夠成倍提高思維效率的策略，這個過程花去了相當於其他同學進行加法計算的二分之一的時間。

這時候，老師看見了他，走上前來問他怎麼了，為何還不開始算。小高斯說他已經知道答案了，是5050。老師十分詫異，問他是否提前做過這道題。高斯於是告訴老師，他透過觀察發現這一組數字中1加100等於101、2加99等於101……這樣的等式一共有50個，因此這道題可以簡化為「101×50＝5050」。

「真是太精采了！」老師讚揚地說。

第三章　從「壞」到「好」：逃學生的蛻變之路

　　這種「精采」並不取決於孩子的智商。事實上，小學生的智力與學業成就的相關係數只有 0.21，它應該取決於孩子良好的思維習慣，使智力的潛在能力得到了充分發揮。認真的思考雖然為孩子解決問題的過程增加了一個環節，卻使解決問題的時間縮短了很多，大大提高了學習的效率。

　　小高斯進行思維的謀劃花去了相當於別人解題所耗時間的一半，然而計算出「$101 \times 50 = ?$」只需要 1 秒鐘。從這裡邊，你難道還看不出善於思考的優勢嗎？

　　養成認真思考的讀書習慣對孩子是非常重要的，它可以幫助孩子加深對知識的理解和記憶，把散落的知識點連接成有系統的整體，從總體上掌握知識體系，提高學習效率。養成認真思考的讀書習慣，有利於對書本知識批判地吸收，可以防止「死讀書」，從層次上提高了個人的學習能力。養成認真思考的習慣還可以不斷解開疑團，激發靈感，從而有所發現，有所發明，有所創造。

　　家長可以透過以下幾個步驟來培養孩子善於思考的能力：

▌父母應注意引導孩子對思考採取認真的態度

　　聰明的孩子可能懶於思考，因而他們對任何東西都會不加思考地發表看法，對此應引導他們認真思考。

▍培養孩子獨立思考越早越好

小孩子往往有千奇百怪的想法，父母該如何引導孩子自己思考呢？網路上有一篇育兒文章，當中幾種激發思考的說話方式我覺得非常實用：

1、你覺得怎麼做好？你有什麼妙招？

2、你該怎麼做？你應該先做什麼？再做什麼？

3、如果你好好想想，一定能想出好辦法來。

4、如果你想要⋯⋯你覺得有幾個辦法？

5、想一想，還有其他辦法嗎？

6、我們一起想想辦法，還是你自己想？

▍隨時對孩子出一些思考問題

無論是帶孩子上博物館，還是陪他們看書看電影，父母都可提一些問題，啟發孩子進行思考。

▍全家參與

家長在一起談論問題時，即使年齡很小的孩子，也會有自己的看法。

▍對問題要全面思考

教育孩子無論對什麼事物進行思考，都要考慮到它們的優缺點，是否有吸引力、有無參考價值等等。對事件則要考慮它的短期、中期和長期的後果。

第三章 從「壞」到「好」：逃學生的蛻變之路

■ 善於歸納，舉一反三

孩子在學校裡將一點一滴的知識聚集起來，把所學的知識歸納之後，要善於把普遍的規律應用到個別的事物上。

做作業專心與否，作業順序很重要

中國地質學家李四光工作時非常專注。有一天，時間已很晚了，李四光還沒有回家，女兒到辦公室來叫他回家吃飯，誰知他卻一邊專心地工作，一邊親切地說：「小妹妹，這麼晚了還不回家，妳媽媽不著急嗎？」等到女兒再次喊：「爸爸，媽媽讓你回家吃晚飯了！」他才抬頭，不由得笑了，小妹妹不是別人，正是他自己的寶貝女兒。

大數學家陳景潤一邊走路一邊想他的數學問題，不知不覺中和什麼東西撞上了，他連聲說對不起，卻沒聽到對方反應，抬頭一看，原來是棵大樹。

為什麼這些名人會鬧出這樣的笑話呢？原因很簡單，因為他們一心想著自己熱愛的科學上的問題，對他們所思考的科學問題反應清晰，對於這些問題之外的事情一點也沒考慮，沒有在意。

學習專注是所有學者的共同特徵。事實證明，專心可以集

中精力,調動整個大腦神經系統來解決問題,高效率地完成任務;分心就會降低學習效率,甚至對本來可以弄懂的問題感到迷茫。每個孩子的頭腦裡都有著專注的成分,只不過由於引導上的差異才出現了後天的差距。

教育家卡爾‧威特就非常注意培養兒子專心學習的習慣:

老威特嚴格地規定兒子的讀書時間和遊戲時間,以培養他專心致志地學習的習慣。在小威特讀書時,老威特絕不允許有任何干擾。剛開始,平均每天給他15分鐘的讀書時間。在這個時間,小威特如果不專心致志地學習,就會受到父親的嚴厲責備。

在學習中,即使妻子和女僕人問事,他也一概予以拒絕:「小威特正在讀書,現在不行。」客人來訪,老威特也不離開座位,並吩咐道:「請讓他稍候片刻。」老威特如此用心良苦,就是為了培養小威特在學習時具備一種嚴肅認真、專心致志的習慣。

小威特每天只花費一兩個小時的時間在學習上。正是由於在學習時專心致志,效率極高,他才贏得了很多時間從事運動、得以休息和參加社交等。

只有做事時專心致志,孩子才能取得成功。要想提高孩子的成績,培養和開發他們的智力,第一步就要注意培養和訓練他們的注意力。很多父母都想替孩子立下做事專心的規矩,卻

第三章　從「壞」到「好」：逃學生的蛻變之路

不得其法。就拿寫作業來說，臺灣有很多的家長會監督孩子做作業。父母為什麼會監督孩子寫作業？因為他們覺得在孩子旁邊看著，孩子不敢拖拖拉拉的，不敢搞小動作，就會專心寫。但這樣做的後果就是孩子做作業是被動的，他們有一種被父母逼迫的感覺，也就不會得到學習的快樂。

那麼，家長要想讓孩子專心做作業，可以做些什麼呢？

▌保持學習環境安靜，避免家中太多的人出入

亦切忌同時買太多的玩具及課外讀物給孩子，以免使他們左顧右盼，不知所措。孩子的書桌上除了文具和書籍外，不應擺放其他物品，以免分散他的注意力，更不能允許孩子一邊看電視，一邊做作業。

▌要求孩子在規定的時間內完成作業

如果作業太多，可以分段完成。另外，研究顯示，孩子分心的程度與年齡成反比：2 歲的兒童，注意力集中的時間長度平均為 7 分鐘；4 歲為 12 分鐘，5 歲為 14 分鐘。孩子年齡越大越會逐漸懂得將注意力放在重要的事情上，而日漸增加專注的時間。因此，判斷孩子是否專心，應依據其年齡的專注時長，而非依據家長的主觀感覺。

▌允許孩子做完一門功課之後休息一會兒，再做其他功課

對於家庭作業，父母要幫他們安排一下，做完一門功課可

以允許休息一會兒,不要讓孩子太疲勞。有些父母覺得孩子動作慢,不允許孩子休息,還嘮叨沒完,使他們產生牴觸心理,效果反而不好。

▍合理安排學習內容的順序

研究顯示,剛開始讀書的頭幾分鐘,通常效率較低,隨後提高,15分鐘後達到頂點。根據這一規律,可建議孩子先做一些較為容易的作業,在孩子注意力集中的時間再做較複雜的作業。除此,還可使口頭作業與書寫作業交替完成。

學習效率低,疲勞戰術只會雪上加霜

強強的父母對他要求很嚴格,在學習上,要求孩子一定要認真謹慎。強強剛讀國小一年級的時候,由於功課少,而且很簡單,所以做起來很迅速,也不怎麼出錯。可是爸爸媽媽說:「怎麼才半個鐘頭就做完啦?去,再好好檢查一下,一個小時後再交給我!」

一個小時過去了,他的答案應該沒有什麼問題,於是把作業交給他們簽名。

「你看看,你看看,這個『了』字怎麼寫得像個『3』?拿去,把整個作業給我重寫一遍!你就知道貪快。」

第三章　從「壞」到「好」：逃學生的蛻變之路

　　這樣的情形絕對不止發生過一次，父母總是想把他固定在課桌前。做功課不可以貪快，難道花的時間越長越好？

　　後來，他做作業時開始有意地拖延時間，讀書時也故意減慢閱讀速度。20分鐘就能完成的功課，現在要花2個小時，如何打發呢，他只能裝模作樣地盯著書本，心裡卻老想著別的事。原因很簡單，他要取悅於父母，必須依照他們的要求行事：做功課越慢越好，只要人在課桌前就行了。

　　漸漸地，強強養成了寫功課不專心、拖拖拉拉的習慣，學習效率很低。

　　現在，強強媽媽開始著急了：「我的孩子很認真，常常讀書到深夜，可是成績卻十分不理想，我也找不出原因在哪裡。」

　　家長們現在應該明白了，原因就出在她自己身上。在學習上，過於謹慎並不是一件好事，謹慎而缺乏效率往往是「強迫心理」的表現。還好，強強沒有形成「強迫心理」，只是養成了「耍小聰明」的毛病，寫功課異常拖拉。俗話說「好心辦壞事」，看來還真是這樣。

　　正確的家庭教育方式是培養「學力」高強的孩子的首要條件，強強的父母如果能早一點明白這個道理就好了。

　　學習效率不高、事倍功半的問題在許多孩子身上都或多或少存在著。面對這樣的孩子，許多家長非常為難，不知道該怎

麼辦才好。孩子已經很用功了,再抱怨孩子於心不忍,而孩子自己肯定比誰都更著急。通常說來,成績最好的學生往往不是那些最用功的學生,而是那些摸索出了一套最佳的讀書方法、學習效率高的學生。

父母要如何提高孩子的學習效率,讓孩子事半功倍呢?

▌提供孩子一個穩定良好的學習環境

如:有安靜的學習空間,有可以寫功課的桌子,有可供參考的資料,字典、詞典等工具書。與讀書無關的東西,不要放在書桌上。總之,要確保孩子不受外界干擾,在讀書時間內能夠一門心思地學習。

▌注意幫助孩子在讀書上和生活上 克服拖拉、邊學邊玩、漫不經心等不良習慣

家長可以跟孩子講清楚:家裡人的吃、睡、玩和學習都有規定的時間,規定孩子自覺安排讀書時間,可以放學一回家就趁熱打鐵地學習,對當日學習內容進行加深鞏固。這樣嚴格要求,加強訓練,就能提升單位時間內的學習效率,並養成良好的讀書習慣。

▌注意幫助孩子改變在學習過程中馬虎大意、不求甚解的態度

每天堅持檢查孩子的作業,要求孩子做作業前不輕易下筆,要先把解題思路弄清楚,熟悉方法步驟後再落筆,寫完

後再認真檢查一至兩遍,這樣持之以恆,才能保證作業的正確性。

■不要對孩子施加疲勞戰術

過分增加孩子的學習量,使孩子長期處於疲勞狀態,會使孩子學習效率嚴重降低,久而久之,形成惡性循環。家長給孩子的學習任務要適量、有彈性,每天擠一些時間給孩子,讓孩子每天都有一段自由活動的時間,讓他輕鬆一會兒,自由自在地玩一會兒。堅決反對用延長學習時間和無休止的補課作為提高成績的辦法。

■教給孩子學習方法

孩子年紀小,生活經驗不夠豐富,在學習過程中總會碰到各種問題。如果學習方法不當,就會事倍功半,直接影響學習的積極性,所以家長應該主動幫助孩子,教給他們一些諸如記憶方法、預習方法、複習方法、閱讀方法等學習方法,必要時親自指導,使孩子能順利地完成學習任務。

比如:向孩子推薦有關的課外讀物時,告訴孩子正式讀書之前要先瀏覽一下,先看看標題、引言、結論和圖表,引導孩子學會將大問題分解成幾個較小的、容易解決的小問題。閱讀時不斷地提出問題,把難理解的地方記下來,讀完後,讓孩子和家長討論,讓孩子提出自己的見解,直到孩子讀懂為止。

橡皮與「粗心大意」

粗心是一種很常見的現象，不單是孩子身上有這種毛病，許多成年人也有。只是，粗心大意的毛病在孩子身上表現得特別明顯。

「我們的孩子很聰明，平時做作業也沒見有什麼困難，可是每次考試成績都不理想，這馬虎的毛病可怎麼治啊？」不少家長為此擔憂。

粗心的原因是多方面的，有的是性格問題，粗心急性子；有時是態度問題，對讀書不在意就容易粗心；有的是熟練問題，對知識半生不熟最容易粗心；有的是認知問題，沒意識到粗心的危害……

女兒數學考了59分，大哭一場，分析原因，一半分數因粗心而丟。粗心讓成績大打折扣，確實可惜。

我問女兒：「妳為自己的粗心痛惜時，有沒有想過為什麼那麼粗心？」看到女兒好奇的表情，我幫她分析：

其一，粗心和知識掌握不扎實有關，二加三等於幾，妳隨口答來一定不會錯，但一年級的孩子就可能錯，因為他還沒形成自動反應。所以，基礎知識的掌握，到了能自動反應的程度，粗心會大大減少。

其二，粗心和習慣有關，比如平時作業馬虎，粗心慣了，

第三章　從「壞」到「好」：逃學生的蛻變之路

考試時便不由自主地犯老毛病。所以，平時杜絕粗心，考試才會不丟分。

其三，粗心與性格有關，妳大大咧咧的性格有可愛的一面，但不拘小節、辦事粗心，反映在課業上，容易增加失誤。

有了理論還要有實踐，我安排她做一些需要耐心的事（枯燥簡單的勞作等），督促她提高平時作業品質。此外，我還教她預防粗心的技巧，如：寫張提醒條放桌上；複查時用反向代入法檢驗；編一本錯題集，了解自己易出錯的地方，以便提防，重點檢查。

這位家長透過幫女兒分析造成粗心的原因，有針對性地採取措施幫助女兒改正馬虎的毛病。另一位媽媽也分享了自己改善兒子粗心的方法：

兒子很粗心，作業錯誤不斷，糟糕的是考試也不例外。期中考前我檢查他所有作業，結果令我吃驚：至少有20％的題目因粗心而錯。這個問題非解決不可。我發現兒子做題直線向前，「義無反顧」，根本沒想到還需要檢查。他把檢查工作全部留給家長和老師了，你查出錯誤，他願意改，可是他自己從不主動發現錯誤。於是，我向他提出要求：

第一，放慢做作業的速度；

第二，自己必須檢查；

第三，檢查方法是做一題檢查一題，確信沒錯再做下

一題。

很快,兒子粗心現象明顯減少。我覺得我對孩子進行了一次成功的教育,因為我認為,教育就是解決問題,問題就是孩子做作業粗心,而教給方法比端正態度更重要,因為對於孩子粗心問題,父母反覆叮囑他細心,簡直毫無意義。

可見,解決粗心問題必須對症下藥,根據產生粗心的原因,有針對性地做工作。這邊介紹幾種方法供家長參考:

▌替孩子製作一個「錯題集」

讓孩子把每次作業中的錯題抄在「錯題集」上,找出錯誤的原因,把正確的答案寫出。這實際上是一份錯誤檔案。孩子出現錯誤的原因多是粗心,做一本錯題集有利於孩子了解粗心的危害,並下定決心改正。「錯題集」是孩子自我教育的好辦法。

▌草稿不要太潦草

不少孩子粗心是從草稿開始的,所以家長要教育孩子草稿不要太潦草。從草稿開始就要嚴肅認真,這有利於克服粗心的毛病。

▌不要依賴橡皮擦

橡皮擦是造成粗心的一個根源,反正錯了可以擦,於是錯了擦,擦了錯,孩子不在乎。家長如果限制孩子使用橡皮擦,

錯了不許擦,孩子就會認真一點。「三思而後行」,想好了再做,盡量一次做對。

▎學會自檢

有些家長總怕孩子錯題,得不了高分,於是天天替孩子檢查作業。這樣做使孩子養成了依賴心理,反正錯了媽媽也能檢查出來,所以做題時粗心大意。家長不要幫孩子檢查作業,讓孩子養成自檢的習慣。錯了又沒檢查出來,就讓他被扣分,這樣他才能明白粗心的危害。有了自檢的能力,粗心的毛病才能克服。

▎讓孩子考家長

讓孩子出題考家長,孩子會很感興趣,他們會特意出一些容易錯的題,把家長考倒。家長故意粗心,讓孩子來「說教」,這對孩子也是一種教育,將來他們做題時也會防止粗心。

看得到成果,孩子才願意主動學習

調查顯示,學生被動學習、積極主動性差已經成為當代青少年一個普遍存在的問題。很多孩子不愛讀書,或者是讀書不認真,「知難而退」,他們的學習動機不是為了學習而學習,而

是在家長與學校的壓力下學習，他們的學習目的或者是讓別人能看得起自己，或者是滿足父母對自己的期望，得到老師的重視，或者是升學、考試等等。

　　無論是為了自己的面子、自己的發展，還是為了報答父母等，都是把學習當作一種手段。從這一點來看，孩子們在面對課業的時候，主動性有可能欠缺。我們之所以說「有可能」，是因為有的孩子在一些目的的驅使下，也會很努力、很主動地去讀書，但這種學習是存在某些功利目的的，這些目的在一段時間內的確可以促使他們努力學習、主動學習。但這種主動性的動力來源卻未必能夠長久。當他們的目的性目的達到以後，學習的主動性就會漸漸消失。

　　也有一些少年兒童，在經過一段時間努力之後，他們或許感到自己力量微薄，當他們認為自己不可能達到想要的學習目的時，也有可能把一段時間的主動學習變成被動學習。因此，在生活中，我們才看到那麼多孩子在父母的逼迫下，無奈地學習，被動地學習，有的孩子甚至為此而逃學。

　　在各種學習目的中，唯有以知識作為需求，才能使孩子真正熱愛學習、主動學習。也就是透過學習和獲得知識本身，學習者就能得到滿足，知識本身就是學習的目的。認知需要，這種以知識本身為目的的需求，是最穩定的學習需求。

　　一個孩子不喜歡讀書，在學習過程中經常處於被動的位

置,這樣的學習生活將給他們的人生帶來很大的煩惱。為了每一個孩子都有一個快樂的人生,培養孩子從小養成主動學習的好習慣,對孩子的成長非常重要。

那麼如何讓孩子化被動為主動,愛上學習呢?父母應注意這幾個方面:

▎培養孩子對讀書的興趣

一個人只有對讀書產生了濃厚的興趣,才會把獲得新知識作為自己的內部需求。家長應該讓孩子明白知識的力量是無窮的,學無止境。比如家長在孩子的學習中可以寓教於樂,讓孩子積極參與,從日常生活中的各個方面學習知識。

有了樂趣,孩子的參與就成了他們的自主行為,讀書有趣,才能使孩子精神飽滿、興趣盎然、全神貫注,從而產生強烈的求知欲望和主動探索的興趣。

▎家長的態度應和藹可親,和孩子處於一種平等、互助的關係

家庭的氣氛應當是和諧的,這樣才能夠強化學生的主體意識。教育孩子要勇於陳述自己的想法、主動思考,調動孩子學習的積極性,使孩子的認知能力得到充分發揮。

▎注意動手操作,讓孩子積極主動參與

兒童的思維發展順序是:直覺動作思維→具體形象思維→想像邏輯思維。因此,兒童最初學習數學概念和計算方法時,

必須讓他們親自動手操作，從動作感知到建立表象，再概括上升為理性知識。

孩子能一邊操作，一邊學習，這也是主動參與的表現。電腦在學習中的廣泛運用，也有利於激發孩子的興趣，讓孩子更為主動地學習。

學習中最大的樂趣莫過於看到學習的成果

家長要努力使孩子的學習做到難度適中，展現多樣性、層次性、趣味性等特點，這樣孩子在面對學習任務時就不是望而卻步，而是躍躍欲試了。孩子不但掌握了知識，培養了能力，而且具備了勇於探索的勇氣和信心，特別是成績差的孩子，也有了強烈的參與意識，在創造的氣氛中被喚起了創造的欲望。

孩子「逃學」，可能是家「生病了」

阿偉是個讓家長和學校都頭痛的「壞小子」，自升上國三開始，他就染上了蹺課的壞習慣，三天兩頭不去學校，老師反映到家裡，阿偉的父母才知道情況。因為阿偉平時表現得很正常，早上該上學了，他背起書包離開家，晚上到放學時間他也能準時回去，媽媽沒有看出任何破綻。得知兒子的不良表現，阿偉的父母著急了，他們責備了孩子，但情況似乎仍不見好轉，阿偉依舊我行我素，學校也為此傷透了腦筋。

第三章　從「壞」到「好」：逃學生的蛻變之路

像阿偉這樣不愛上學的孩子不在少數，事實上，有相當一部分孩子都存在厭學、逃學的不良情緒。根據國外對 3,000 名適齡學生的抽樣調查顯示，大約 25.4% 的學生害怕或拒絕上學。

這部分學生厭學的原因總結起來有幾個方面：一是因為成績差，在學校裡容易感覺自卑；二是害怕考試，害怕老師檢查作業；三是因為和同學的關係處得不好。

這樣的孩子大都喪失了對讀書的興趣，組織紀律性差，再加上有了這樣的心理包袱，他們便經常找藉口來逃避去學校，比如跟媽媽說生病了，賴在家裡不肯去，或者直接瞞著家長和老師，自己出去玩了。這不僅對孩子的安全不利，而且還容易讓孩子在不恰當的交際中沾染上一些壞習性，深為家長所憂慮。

怎樣才能讓孩子不牴觸去學校，改掉逃學的壞毛病呢？我們給家長的建議是：

▌弄清楚孩子不愛上學的原因，對症下藥

一般來說，孩子厭學有幾個原因，比如：有些孩子十分依賴家長，不願意離開自己的父母；有些孩子是因為家長或老師對他們太嚴厲，從而對上學產生一種恐懼感等等。

▌培養孩子獨立的精神，
▌與同學積極相處，融入學校的大環境中

要從小培養孩子的獨立性，讓其多與同年齡的夥伴接觸，

從而具有一定的社交能力。鼓勵孩子走出家門與同伴一起玩耍，對到自己家裡來玩的朋友也應表示歡迎。

逐步培養孩子的學習興趣，不要急於求成，對孩子施加太大壓力

在對待孩子的課業上，不要急於求成，對孩子施加太大壓力，應逐漸培養孩子的興趣，讓孩子喜歡上讀書，這才是治本的辦法。

在這一點上，家長可以和學校溝通，讓老師也同時給予孩子關愛，讓孩子感到溫暖。在輕鬆的環境中學習，能使孩子把學習看作是一件愉快的事情，使之從害怕上學變為自覺主動地上學。

在教育孩子的時候，讚美和鼓勵應多於批評與責罵，也就是說，家長不要忽略孩子的任何一個進步，即便孩子只取得了微不足道的成績，也應給予表揚，讓其樹立自信心。指出孩子的不足之處和小毛病時，要盡量用溫和的語氣，使之容易接受。這樣才能讓孩子更好地學習和生活。

家長切忌情緒衝動，不能不問青紅皂白就教訓孩子

對待孩子的逃學現象，家長切忌情緒衝動，不能不問青紅皂白，就狠狠教訓孩子，這很有可能將孩子原本不多的求學熱情一掃而光，也易使孩子因怕被打罵而撒謊。

第三章　從「壞」到「好」：逃學生的蛻變之路

再者，如果家長教訓得太過了，就會給那些「不良分子」可乘之機，使孩子更快地向那些人靠攏，這樣做的後果是不堪設想的。

正確的做法應是來個「冷處理」，先平息自己心中的怒氣，然後再積極地去了解孩子逃學的原因。弄清原因，才能對症下藥，教育好孩子。

▋為孩子創造一個溫馨、和睦的家庭環境

這一點對孩子的成長有著至關重要的作用。不完整或者家庭氣氛不和諧的家庭會嚴重影響孩子的心理健康，從而使孩子滋生孤僻、反叛的心理。父母應該充分考慮到這一點，盡量避免發生爭吵及離異，以免讓孩子幼小的心靈留下陰影。

閱讀，離不開好的讀書環境

「我真不能相信拉塞爾老師要讓我們星期五前讀56頁！我們才七年級。她不應該讓我們讀這麼多的！」雪莉・米勒撲通一下倒進客廳的椅子裡，把書往地上一扔。

「我覺得56頁不多。」米勒先生觀察著她的反應。

「爸，我討厭看書！要花很多時間，好多生字我都不認識！」

閱讀，離不開好的讀書環境

「雪莉，」米勒先生說，「為什麼讀書對妳來說就這麼難呢？」

「爸，我告訴過你，這要花很多時間，我也不懂我讀的是什麼。我不明白幹嘛要讀書，我喜歡的書幾乎都會拍成電影。」

米勒先生皺著眉：「唉，妳有沒有計劃有一天要找個工作？想不想自己賺錢？」

雪莉點點頭：「這個嘛，當然——那是肯定的。」

米勒先生繼續說道：「有多少工作允許妳只看電影不看書的？」

雪莉聳聳肩：「讓我想一想。」

米勒先生在椅子裡坐直了身子，探向她，用真摯的口吻問道：「雪莉，妳願意把書讀得更好嗎？」

她想了會兒，不明白爸爸葫蘆裡賣的是什麼藥。

「當然啦！誰不願意呀？但我討厭讀枯燥的東西。」

「沒有人願意讀枯燥的東西，」他回答道，「但如果我們幫妳練習讀妳喜歡的書呢？」

「我不知道我喜歡什麼書，」雪莉坦誠地說，「我只喜歡與人交談，做些什麼事情，不喜歡坐下來看書。」

「哦，讀書會讓妳自己變成一個很有情趣的人。」米勒先生說，「我們也可以找找有沒有像『和朋友聊天』那樣有趣的書呀！」

第三章　從「壞」到「好」：逃學生的蛻變之路

　　幾十分鐘後，他們站在一家大書店裡的青年書架前，雪莉似乎被書架上那麼多的書給弄昏頭了，米勒先生感覺到了她的困惑。

　　「妳想讀個故事，還是想讀如何做什麼的書？」他問。

　　雪莉趕緊回答：「我更喜歡讀故事書。」

　　米勒先生指引她走到「小說區」：「憑妳的直覺挑一本吧！別擔心有多少生字，看起來多難。如果妳覺得還可以，就看一看。」

　　雪莉花幾分鐘瀏覽了一下，又回到原來挑選的那本書上了。「我喜歡這本，」她說，「但我已經告訴過你我可能看不了。」

　　米勒先生搖了一下頭，對她拒絕的理由置之不理：「事實上，雪莉，妳不用讀——我是說，不見得非得妳自己讀。」

　　雪莉有點困惑。米勒先生從書架上拿了一本書。

　　「給，」他說著把那本書遞給了她，「這本書有附線上教學影音。妳可以邊聽邊跟著讀這本書。讀這本書的人認識裡面所有的詞彙。我想妳會發現這本書很有意思，而且它也有助於妳學習較難的單字，理解故事的意義。妳覺得呢？」

　　雪莉點點頭。「我想我可以試一試。」她同意了，「我的朋友們也會喜歡這本書的，也許我讀完後，還可以借給他們呢。」

當他們等著付錢的時候，米勒先生瞥了女兒一眼。她在翻這本書，看起來真的很感興趣，想看看裡面講的是什麼。

雪莉是依賴聽覺學習的人，就是說，聽和說比讀或看更有助於她學習。由於很多學校作業都依靠視覺學習，她變得很氣餒。但她心裡有自強不息的欲望，明智的雪莉爸爸也想方設法地幫助她。雪莉想變得更有情趣、更好地閱讀以及與朋友們暢談時尚的夢想，正在爸爸的計畫中被有效地結合起來。

我們這個社會特別看重讀寫能力，它是我們成功接受教育和選擇事業的墊腳石。任何年齡的孩子，家長和老師都會督促他們看書。如果你的孩子像雪莉這樣，喜歡說話不喜歡讀書，或者因為閱讀能力差而灰心喪氣，你一定要有耐心和恆心。

可以有多種多樣的方式來樹立良好的閱讀榜樣。教他們閱讀的最好方法就是每天讀點東西給孩子聽，提供有影音輔助的書也是一種方法。這些方法幾乎適用於從學齡前到成年任何閱讀水準的人。

對於不愛閱讀的孩子，我們總結了以下幾種方法來幫他們愛上讀書：

▋培養興趣

興趣是人從事實踐活動的強而有力的動力之一。任何人，只要他對從事的某項活動有很大興趣，他就能積極地、創造性地完成這些活動。相反，如果一個人對於從事的某項活動不感

興趣，不要說創造性地工作，即使是一般性地完成任務也是很困難的。因此，要使孩子養成讀書的習慣，最好的辦法就是設法激發和保護孩子對書的興趣。

很多父母埋怨自己的孩子不喜歡讀書，而實際上很多孩子讀書的欲望正是被父母扼殺的。比如有些孩子常常纏著父母講故事，父母對此不耐煩甚至惱火，對孩子往往不予理睬或者訓斥。

其實，孩子喜歡聽故事，正是喜歡讀書的前奏和萌芽，許多這樣的萌芽就是在父母的不理睬或訓斥中枯萎了。正確的做法是，珍惜孩子的求知欲，選擇些優美有趣的故事，不厭其煩地講給孩子聽，並告訴孩子這些美好的故事都是從書上讀來的，識字以後就可以自己讀這些故事了，使孩子對讀書有一種美好的嚮往。學齡前，可以適量地教孩子識字，指導孩子看一些圖畫書籍，逐漸引導、鼓勵孩子自己去讀書。

鼓勵孩子讀課外書

孩子上學以後，有了固定的學習任務，千萬不要以為讀課外書會影響孩子的功課。相反，要更加有意識地強化孩子的讀書欲望，幫助、指導孩子選擇那些既符合他們的年齡特點，又對孩子有良好影響的書籍。

有的孩子由於各種原因不喜歡讀書，但偶爾一次卻對某本書或對書中某一部分讀得入迷，父母要立刻抓住這樣的機會，巧妙地對其引導、激勵，小心翼翼地保護這稍縱即逝的興趣火

花,添油搧風,直至它燃燒起來。或許這就是孩子喜歡讀書的開始。

▎營造良好的讀書環境

要根據家庭的居住條件和經濟情況,為孩子創設較好的讀書條件。如:安靜的房間、桌椅、書櫥、書籍等。父母要經常在孩子的「書房」裡指導孩子讀書、學習,或與孩子一起讀書,耐心傾聽孩子談書中他認為有趣的內容,與孩子交流讀書體會,使孩子經常體驗到「書房」的溫暖,對「書房」產生親切感、依戀感。

在平常談話中,可以有意無意地講一些偉人讀書的故事。要經常帶孩子逛書店,只要家庭經濟條件允許,應盡量滿足孩子購書的願望,但購書時要根據孩子的閱讀能力、興趣和書本內容慎重選擇。

不要一口氣購買大量的書回家,這樣反而會使他們不知道先看哪一本好,或者每一本都匆匆翻過,急著看下一本,無法細細體會讀書的樂趣,從而降低對書籍的興趣。應該要求孩子買來的書一定要看,否則就不能再買。

培養孩子讀書的習慣對於孩子獨立思考和自我教育能力的發展有著極其重要的意義,是少年兒童開發智力、發展能力的重要手段。父母應該對孩子進行耐心細緻的培養,使孩子養成讀書這一終身受益的好習慣。

第三章　從「壞」到「好」：逃學生的蛻變之路

提高觀察力的訣竅藏在實踐裡

善於觀察是一個非常好的習慣，是孩子們認識事物的重要途徑，是智力活動的基礎，是完成學習任務的必備能力。然而，很多孩子都沒有這種好習慣，他們只是感覺到了，但並沒有把這些資訊傳遞給大腦，將資訊加工和過濾。結果，在觀察事物時，就不能真正理解它們的意義。只有用積極的心態去觀察，用開放的眼光看世界，才能得到需要的東西。

日本教育家鈴木教授曾說，只要用心，培育一個智商150的兒童一點都不難。在鈴木兒童園地裡的兒童，智商平均在135到150，有些甚至高達180。他們在入園以前都是很普通的孩子，學校也並未以提高智商為主要的教育目的，但是透過體驗教育，孩子的智商都有很大的提高。

現在的幼兒教育主要局限於音樂、繪畫或體育方面，而實際上，幼兒教育應該沒有限制，無論什麼都可以，換句話說，就是要讓幼兒實地去看、去聽。

在日本九州幼稚園，幼稚園老師常常帶三四歲的兒童去觀看村裡的祭典。從廟前老先生的揮拳弄掌、抬轎，到舞獅表演，都讓孩子觀賞。老師還帶他們去看農夫種田、除草。

令父母非常吃驚的是，回到幼稚園後，孩子們能從頭到尾記住祭典的內容，跟著揮拳弄掌，模仿抬轎，對獅子有興趣的

孩子還會跟著舞獅。此外，他們還在幼稚園旁邊開闢的園圃裡種起了菜。

三四歲的兒童能達到這種地步，實在是不可思議。孩子們詳細觀察他們感興趣的事物，對微不足道的地方也很注意，跟著學習，透過直覺的觀察，捕捉到事情的精華所在。所以老師們根本不必告訴他們必須看什麼，只要讓他們實際體驗就可以了。實踐是檢驗真理的唯一標準，只有親身經歷過，孩子們才能獲得經驗，並隨著經驗的累積掌握價值非凡的知識。

孩子在學習和生活中，也同樣要學會觀察。孩子良好的觀察能力，是提高整個學習能力的重要途徑，更是孩子認識世界、增長知識的重要途徑。實踐證明：學生觀察力的強弱對學習的好壞有直接影響。如在國語注音、識字教學中，有些注音、生字的字形和寫法只有細微差別，觀察力較強的孩子一眼就能看出來，而觀察力較差的孩子就常把它們認錯或寫錯。

那麼，家長應怎樣幫助孩子立下多多觀察的規矩，從而培養孩子善於觀察的能力呢？

應該向孩子明確地提出觀察的目的、任務，教給他們觀察的方法

比如觀察一個字，觀察力強的孩子能很快地把生字中的熟悉部首看出來，或把形近字、音近字之間的細微差別區分清楚。觀察景物，要有遠近、裡外、上下、左右、前後的順序。

第三章　從「壞」到「好」：逃學生的蛻變之路

觀察的目的決定了觀察的方法，這好比木匠看木頭，先看木頭的長和粗；用木頭燒火的人，先看木頭的乾溼；森林學家看木頭，先看木頭的年輪和想像它的生長過程。

■ 應該培養孩子觀察的主動性，盡可能讓孩子多參加活動

比如星期天帶孩子外出參觀遊覽，都要讓孩子帶著觀察的任務去進行活動。

■ 指導孩子觀察時，注意啟發將觀察與想像緊密結合

恰如其分的想像，會使觀察插上翅膀，意境更加廣闊。

■ 創造條件為孩子提供觀察自然和觀察社會的機會

比如：觀察星空，觀察大樹，觀察小貓、小兔，觀察市場上的繁榮景象，觀察大街上一幕幕的場面……這對於促進孩子的智力發展，提高學習效率，都有重要作用。

答案標新立異，那是孩子的創造力

「第一個把女人比作鮮花的人是天才，第二個把女人比作鮮花的人是庸才，第三個把女人比作鮮花的人是蠢材。」可見，優秀的人之所以優秀，就在於他們習慣於從新的角度去觀察問題。

孔子說：「舉一隅不以三隅反，則不復也。」「舉一反三」

答案標新立異，那是孩子的創造力

說的也是一種創造性思維，不能舉一反三，則不能做到知識的融會貫通，學習便成了「死讀書」。

一個學生的學習能力在相當程度上取決於其學習的創造性。創造性不是天賦決定的，它的獲得完完全全來自後天學習與生活實踐中的有意識的培養。每一個孩子都有可能透過系統的、持續的思維訓練，具備超凡的創造力。

東東是個聰明而且頑皮的孩子，在學習上，他從不認為一道題只有一個答案，而是盡可能地找出更多的答案。

一次物理考試中，其中有一道題是：「如果給你一支氣壓計，你怎樣才能用它測量出一座大樓的高度？」由於快要交卷了，於是這個頑皮的男孩索性在試卷上寫道：「把氣壓計綁在繩子的一頭，從頂樓放下去，只需要測量它到達地面時繩子的長度就行了。」

物理老師閱卷時被這個頗具創意的答案氣炸了。東東被叫到辦公室，老師問他：「這是你做出的答案？你沒細心讀過題嗎？本題是問你『怎樣使用氣壓計』。」

「好吧，老師，請再給我一些時間，我一定能找到更好的答案。」第二天一早，男孩竟主動找到物理老師，說他發現了好些「切實可行」的測量方法，算起來居然有十多種。

老師十分詫異地看看他，問道：「你究竟找到了哪些方法呢？」

第三章　從「壞」到「好」：逃學生的蛻變之路

「比如：可以像普羅泰哥拉斯測量金字塔的高度那樣，使氣壓計直立於地面，當太陽光下影子的長度與氣壓計高度相等時，測量地面上大樓影子的長度就能得出它的高度。」

「另外，我還可以把氣壓計當重物，利用動滑輪將它吊到頂樓，用繩子的長度除以 2。」

「還可以嘗試把那支氣壓計從頂樓上扔下去，利用重力加速度計算出自由落體墜落的高度。」

……

孩子一口氣說完了十來種方法，老師聽了問道：「你既然可以想出這麼多的『花招』，怎麼就沒有思考過我為什麼一定讓你使用氣壓計？」

學生笑了：「其實我明白，你是要讓我透過地面和頂樓的大氣壓差來得出答案。」

「對啊，你既然知道，為什麼不早說呢？」

「我不願意跟別人一樣，這個答案太常規。」

「是想標新立異嗎？」

「不是，是我發現所有的問題都不止一個答案。」

東東的這種創造性思維是在父母培養下養成的習慣思維，他的父母要求他解決每個題目要想出 5 種解答方法，而他卻要求自己能想到更多。試著尋找新的答案，這正是創造性思維區別於常規思維的一個重要特點。只有超越常規與傳統，你的探

索才會更有價值。

對於一個學生來說,只靠簡單的重複工作取得自身學業的成功是極為困難的,只有不斷開動自己的腦筋,堅持創造性學習,才能把書讀好、讀活,才有可能在學業上取得突出的成績。

那麼,我們該如何培養孩子創造性學習的習慣呢?做父母的不妨嘗試如下方法:

▎為孩子創造良好的環境氣氛

為了使孩子能自由活動,安心暢想,父母要為孩子提供友好的、愉快的、有鼓勵性的、具有良好的心理氣氛的環境。即使父母不同意孩子的想法和願望,也應該讓他明白:爸爸媽媽對這些想法和願望還是重視的。應該鼓勵孩子和父母對一些事情展開討論。所謂良好的心理氣氛,最重要的是尊重孩子,珍惜孩子的獨創性,鼓勵孩子從不同的角度思考問題。

▎父母要為孩子提供能夠發揮創造性的環境

孩子往往在遊戲、繪畫、聽音樂或講故事等活動中,因心情愉快而迸發出創造性。因此給孩子足夠的自由活動時間、空間和進行各種活動的材料,是培養孩子創造性的必要條件。如果條件許可的話,父母最好在家裡給孩子一個能自由遊戲、閱讀、活動的小天地,在活動中父母可適當地給予孩子啟發。因為孩子在遊戲中的試驗、實踐、發現問題的過程,正是他學會思考的最佳時機。

第三章　從「壞」到「好」：逃學生的蛻變之路

▌父母還要教孩子學會思考

由於發展思維能力是培養創造性的核心，所以要培養孩子學會思考、善於思考，讓孩子在思考問題的過程中發展思維能力和創造力，啟發孩子自己提問題。當父母碰到孩子提的問題一時難以解答時，千萬不要厭煩或簡單化處理，最好是告訴孩子：這個問題我也不清楚，等我查了書後告訴你。而且要說到做到，這樣也會傳遞給孩子一個資訊：看書能學到知識。

▌父母要利用一切機會和孩子交談，
▌透過交談來激發孩子的思考

在和孩子交談時，要盡量談一些有利於孩子獨立思考的問題，而不是代替孩子去思考。當孩子碰到問題時，父母可提一些具體建議，啟發孩子動腦筋想辦法。

第四章
自愛的起點：規矩中的自由與安全感

—— 挑食、吸菸……8大狀況都搞定

第四章　自愛的起點：規矩中的自由與安全感

孩子挑食，多半是父母的過，早改孩子早長高

孩子挑食就是專挑自己喜歡吃的幾種食物吃，而對不喜歡吃的東西碰也不碰。長期挑食不僅會導致孩子營養比例失調，使孩子出現消瘦、貧血、對疾病的抵抗力低等症狀，而且還會嚴重影響孩子的生長發育。

此外，挑食還容易使孩子出現任性、依賴、神經質等傾向，絕對不可輕視。據相關醫學資料報告，現在臨床疾病中有一半以上是由不良飲食習慣──挑食引起的。

在現實生活中，孩子挑食的現象普遍存在，而且極難糾正，這已經成了一個讓所有父母頭痛的大難題。

3歲的盧克不喜歡吃青豆，但為了讓兒子得到均衡的營養，盧克爸爸特意煮了一大盤青豆，並下定決心非要讓盧克把那些溼漉漉的小東西吃下去不可。

經過一個多小時的訓斥、威脅、哄騙和不厭其煩的勸說，盧克爸爸仍然沒能達到目的。眼淚汪汪的盧克緊閉雙唇，坐在飯桌邊，一小勺青豆也沒有吃下去。

最後，靠著更嚴厲的威脅，盧克爸爸終於設法把一口豆子塞進了孩子嘴裡。但是，盧克根本就不肯把它們嚥下去。直到臨睡時，媽媽除了把孩子放到床上，讓那些青豆仍留在他嘴裡

之外別無選擇。

第二天早上，媽媽在盧克的床底下發現了一小堆糊狀的豆子。爸爸媽媽都很困惑，盧克怎麼會那麼倔強？

當然，並不是每一個小孩都像盧克這麼倔強。但的確有許多孩子都會在吃飯問題上和父母較量一番，這是他們很喜歡玩的一場遊戲。

即使很小的孩子，也能很容易地緊閉自己的小嘴。你有什麼好辦法能夠讓孩子吃他不想吃的東西嗎？只要和任何一位有經驗的父母聊一聊，他們都會告訴你這實在很難。經常聽到一些家長抱怨說：「我最擔心的就是孩子的吃飯問題了，平時看起來很可愛，一吃飯，什麼毛病都來了，青菜不吃，魚不吃；那個有怪味不吃，這個苦苦的不吃。好不容易吃了兩口，轉身就跑，還非得大人哄著、追著餵飯，一口飯能在嘴裡含5分鐘，吃不完的東西到處亂丟，身體又瘦又小，真讓人沒辦法。」

很多孩子都像盧克一樣，存在挑食的壞習慣。年齡越小的孩子，越容易挑食。養成挑食習慣的孩子，他們的胃口都不會好。這是因為挑食抑制了消化液的分泌。

對於家長來說，當你辛辛苦苦地為孩子準備好了一桌豐盛的飯菜，而你的孩子卻皺著眉頭，這也不想吃，那也不感興趣，你肯定會感到很失望。而且，最讓你揪心的還是孩子的身

第四章　自愛的起點：規矩中的自由與安全感

體健康將大打折扣。因此，改正孩子挑食的壞習慣，是家長必須認真對待的問題。

孩子挑食的原因有身體因素，如消化不良或食物過敏反應等，但更多的是環境和心理因素，比如：孩子受家長挑食習慣的影響從而厭煩某些食物，或家長強迫孩子吃某種食物而造成他的不愉快體驗，使其對該食物予以拒絕等等。

對於病理性的挑食，家長應當帶孩子去醫院檢查病因，對症下藥；而對於心理性的挑食，則需要家長以身作則，耐心引導，及早發現，及早改正。

沒有家長希望自己的孩子挑食，有沒有比較好的辦法來避免孩子挑食呢？又有沒有好辦法來改善孩子挑食的毛病呢？

▍家長要管住自己的嘴

家長不要當著孩子的面說「我不愛吃這種菜」、「我一吃這種菜就肚子痛」之類的話，以免加深孩子對某種食物的厭惡感，誘導孩子挑食。因為成人的飲食觀念和習慣往往會影響孩子對食物的偏好。

▍盡量使飯菜適合兒童口味

做菜時要注意烹調，可參考網路上的食譜經驗談，以適合兒童口味。

▋切忌順著孩子的性子來

千萬不可嬌慣孩子，不能一見孩子不吃某些菜就不再給他吃這種菜。

▋要講究改正孩子挑食的方法和時機

家長要積極啟發孩子對各種食物的興趣，千萬不要用強制的方法強迫孩子吃某種他不喜愛吃的食物。在改正孩子的挑食習慣時，家長要注意在孩子胃口好、食慾旺盛的情況下進行。

▋少讓孩子吃零食

吃飯之前，家長要盡量少讓孩子吃零食，尤其是甜食及冷食。除此之外，家長還可適當增加孩子的活動量，促進其食慾。

▋家長要有糾正孩子挑食的決心和耐心

對因挑食影響健康且十分任性的孩子，家長既要有決心，又要有耐心。

刷牙、繪本、兒歌

對於孩子刷牙這個話題，我想是媽媽們最為關心，也是最為困擾的。因為通常情況下，孩子是不會乖乖刷牙的，有的一

第四章　自愛的起點：規矩中的自由與安全感

邊刷一邊玩，有的直接拒絕刷牙。理由還真是五花八門：「牙膏好辣啊」、「牙刷好硬啊」、「我的牙刷太醜了」、「刷牙好麻煩呀」⋯⋯刷牙成了媽媽和孩子每天必然進行的戰爭，總是弄得雙方都不愉快。

可是不刷牙不行啊！一般來說，孩子到了 2 歲左右，20 顆乳牙都萌出後，就應該開始學刷牙了，3 歲左右就應該讓孩子養成早晚刷牙、飯後漱口的習慣，預防乳牙齲齒和各類口腔疾病的出現。

那麼，怎麼才能讓孩子愛上刷牙呢？

▍了解孩子為什麼不喜歡刷牙

如果是覺得牙膏辣，或者是不喜歡牙膏的口味，可以多買幾種讓孩子嘗試，讓他自己選擇喜歡的牙膏。在影響孩子生活的事情上，父母要多給孩子選擇的機會、說話的機會。

如果是牙刷毛太硬，放在嘴巴裡不舒服，建議媽媽在孩子刷牙前，將牙刷用溫水浸泡幾分鐘，讓刷毛變得柔軟。

如果是嫌牙刷醜，可以陪孩子一起去超市，讓他自己選擇喜歡的款式。你還可以讓孩子去挑選自己喜歡的杯子，多換幾個也無妨，畢竟讓他保持新鮮感願意刷牙才最重要。一套孩子喜歡的牙具，能讓刷牙這件事更具儀式感。

另外，家裡準備兩套牙具，當孩子不願意刷牙的時候，媽媽可以嘗試用二選一的方法引導孩子刷牙。

還有一種情況，可能是孩子之前有過不好的刷牙體驗。有的媽媽嫌孩子刷得不乾淨或者動作慢，就會取而代之，幫孩子刷牙。如果用力不當，就會導致牙刷弄痛牙肉，孩子也會因此厭惡刷牙。

理解孩子，永遠是和孩子和睦相處的第一步。了解了孩子不喜歡刷牙的原因，採取相應的解決辦法之後，孩子就會更好地配合我們了。

■ 邀請孩子一起幫玩具刷牙

這是網路上的一位媽媽提到的一個辦法：

孩子有一個很喜歡的小熊玩具，每天晚上在幫孩子刷牙前，媽媽會跟孩子說：「寶貝，小熊一天都沒刷牙，牙痛了，蛀牙了，你幫它刷刷牙好嗎？」孩子很樂意地接過媽媽準備好的牙刷幫小熊刷起來。

替小熊刷完牙後，媽媽稱讚孩子刷得好，並說：「小熊真乖，幫它刷牙它配合得真好。」然後問孩子，「寶寶想不想讓小熊看看你也很乖，也會好好配合媽媽刷牙？」孩子高興地說好，史無前例地配合媽媽刷牙。這樣幾天下來，孩子再也不厭煩刷牙了。

■ 透過遊戲互動，使刷牙變得更加充滿樂趣

比如：和孩子一起刷牙，比比誰刷牙最積極、最認真、最徹底，獲勝者能得到一張小貼紙。刷完之後聞一聞孩子的口

第四章　自愛的起點：規矩中的自由與安全感

腔，誇讚他：「嗯，真的太香啦！」

再比如：邊唱兒歌邊刷牙。「我刷我刷我刷刷刷，我刷我刷我刷刷刷，我上上下下，我前前後後，我仔仔細細，我輕輕柔柔，我快快樂樂，睡前起床三餐飯後刷牙漱口，因為牙齒是我的好朋友。」

多陪孩子看書，看看繪本

有句話說得好：一百句嘮叨比不過一個故事。多陪孩子看一些關於刷牙的繪本，比如小熊繪本系列《我會刷牙有聲繪本》、《刷牙小小兵勇闖蛀牙王國》、《我是刷牙高手！》、《鱷魚怕怕牙醫怕怕》、《小熊包力刷牙記》等，這些繪本對孩子養成刷牙的好習慣，都有很大的幫助。

透過繪本，孩子能形象地了解到不刷牙的危害，就會主動對媽媽說：「媽媽，我的牙齒裡有小蟲子，快找牙膏先生和牙刷小姐幫忙吧！」

家長以身作則，每天早晚刷牙

讓孩子意識到刷牙就如同穿衣、吃飯一樣是每天必不可少的一件事，慢慢地，刷牙就會成為孩子日常生活中的一個習慣了。

拉不走的「電視迷」

現在一般家庭都有電視機,很多孩子放學回家第一件事就是打開電視機,況且一些卡通確實很吸引孩子,尤其是住大樓的家長,沒有時間陪孩子下樓玩,讓孩子自己出去又怕惹是生非,所以寧願讓孩子在家裡長時間看電視,也不讓孩子外出,久而久之孩子就迷戀上了電視。

由於孩子分辨能力和自我控制能力低,對電視裡的一些刺激鏡頭或情節不願放過,吵著鬧著要看,這樣長期無節制地看電視,不僅會影響孩子的成績,而且對孩子的視力、消化系統、人際交往等都會產生不良影響。

瑩瑩特別喜愛看電視,尤其是連續劇。每天放學一回家,第一件事就是打開電視機看電視。中午,不願睡午覺,要看續集;晚上,作業不願寫,卻能認認真真地做個忠實的電視之友,有時看到深夜十一二點鐘。

瑩瑩一旦看起電視來,飯也顧不上吃了,經常是兩眼直盯著電視,菜涼了也不知道,每次吃飯,瑩瑩媽媽都得在房間不停地提醒。

瑩瑩媽媽也嘗試過強行關機,令其寫作業或休息。但瑩瑩總是憋了一肚子氣,作業寫得馬馬虎虎,以示對家長的反抗。有時等家長稍不注意,又把電視打開了,有時還跑到鄰居家看。

第四章　自愛的起點：規矩中的自由與安全感

電視對人們有很多好處：學齡前兒童藉此識字，兒童從關於自然的節目中了解野生動植物，父母也可以從晚間新聞中獲知時事。毫無疑問，電視是一個重要的教育和娛樂提供者。儘管這樣，看太多電視還是有害的。

研究顯示，每週看電視的時間超過 10 小時的兒童更容易超重，更具好鬥性，在學校的成績更落後。經常目睹暴力鏡頭（比如電視新聞中的綁架或謀殺）的孩子，更可能相信：世界太可怕，一些壞事情將會在他們的身上發生。

大多數兒童早已在入學前就進入了電視的世界：電視是 70% 的兒童每天的關注重點。美國兒科學會建議，孩子每天看電視（含電腦、手機螢幕等）的時間不要超過 1～2 小時。

父母應該監督孩子看電視節目的內容，適當地限制孩子看電視的時間，以確保孩子有時間參加其他活動，比如與朋友玩耍、運動和閱讀。

不讓孩子看電視顯然是不可能的，正確引導孩子收看電視，使電視真正成為孩子的朋友，才可能從根本上解決問題。由於很多孩子年齡小，自制力差，所以家長指導孩子正確收看電視節目是非常重要的。孩子到底該看什麼節目最終還是取決於家長。對於喜歡看電視的小孩子，家長可以透過以下手段進行監督：

▍把電視機從家裡的主要活動區搬走

不要把電視機放在臥室，吃飯時關掉電視等，限制孩子在電視機前花的時間。

▍合理控制孩子的電視收看時間

看電視的時間每天要控制在 2 個小時以內，同時幫助孩子養成良好的收視習慣，如吃飯時不能看電視。如果沒人看或沒有你喜歡看的節目，關掉電視。

▍定期抽出一些時間和孩子一起看電視，注重孩子的內心感受

一項最新調查研究顯示，家長和孩子經常在一起看電視可以大大減少電視暴力鏡頭對孩子的不良影響。

▍要留意孩子看電視的表情

觀察孩子有沒有害怕、崇拜、興奮或生氣的跡象。一旦感到孩子對電視內容的反應有值得注意的地方，就需要立即與孩子討論，把電視對孩子的不良心理影響消滅在萌芽狀態。

▍鼓勵孩子就節目內容發表自己的見解

利用電視節目和孩子展開討論，鼓勵孩子就節目內容發表自己的見解，培養孩子的思維和表達能力。這樣不但可以促進孩子的全面發展，還能增進父母與孩子之間的交流，縮短父母與孩子之間的心理距離。

第四章　自愛的起點：規矩中的自由與安全感

■ 提前查看電視節目表，列出可以闔家觀賞的節目

非暴力的、製作精良的節目有助於增強家庭價值觀、培養孩子的社交技巧、教孩子有禮貌的談吐。盡量只看你想看的節目，而不要一個頻道一個頻道地不斷切換。

■ 尋找其他活動來取代看電視

粗暴地關上電視不讓孩子看當然是不現實的，也是不可取的。但家長可以尋找一些活動來取代看電視，比如玩遊戲、讓孩子看一些課外讀物等等。

叫醒「小懶蟲」要會選時機

孩子愛睡懶覺，早上無法準時起床，這是家長面臨的一大難題。一般情況下，這樣的孩子還同時存在晚上無法準時上床睡覺的問題。

傑克讀三年級了，身體長得很結實，成績也很好，而且非常聽話，深得全家人的喜愛。然而最近媽媽卻發現傑克不知從什麼時候開始變得愛睡懶覺了，常常是快到上學時間了才急急忙忙地穿衣起床，有時甚至連早餐都來不及好好吃就往學校跑。

孩子以前不愛賴床的啊，這到底是怎麼回事呢？傑克媽媽

感到很疑惑，於是，她開始仔細留意傑克的言行舉止，親切地詢問孩子的各種情況，檢查孩子的身體有無不適，還與學校老師聯絡，了解孩子在校的情況……終於，傑克媽媽找到了傑克發生變化的原因，原來學校前段時間成立了一個足球隊，小傑克因為體能好被選上了，每天要參加學校足球隊下午的訓練。體力消耗大、疲勞過度導致孩子愛睡懶覺了。

弄清楚原因之後，傑克媽媽與學校取得了聯絡，與老師一起探討孩子集訓的適當安排，同時她又鼓勵傑克要堅持集訓，克服困難。此外，媽媽還從每餐的飲食上下功夫，全面補充傑克的營養；為了解決傑克賴床的問題，媽媽還特意為兒子買了一個小鬧鐘。經過共同努力，傑克很快就改變了愛睡懶覺的壞習慣。

從上面的例子可以看到，媽媽改正孩子賴床毛病的關鍵是要找到他愛睡懶覺的原因，原因找到後，根據孩子的實際情況有針對性地從多方面進行引導，問題才容易解決。

身體疲勞是孩子賴床的諸多原因之一，除此之外，有些孩子還因為一些心理原因而愛睡懶覺，比如把睡覺當作擺脫生活、課業中各種壓力的途徑；也有些孩子是由於情緒不好、心情不好、無活動欲望等，而以睡覺來消磨時光。

所以，找到了孩子睡懶覺的原因，糾正孩子睡懶覺的行為就有方法可循，父母可以按照下面幾個步驟來試試：

第四章　自愛的起點：規矩中的自由與安全感

▎保證睡眠時間

兒童的神經系統發育不健全，易於興奮，也易於疲勞，所以必須保證他們按時睡覺及睡眠時間的充足，他們才能精力充沛，健康活潑。根據兒童的生理特點，半歲前嬰兒每天睡眠需15～20小時，1歲需15～16小時，2～3歲需12～14小時，4～6歲需11～12小時，7歲以上需9～10小時。

▎適當午睡

其實午睡時間多少，什麼時候午睡最理想，是要視具體情況而定的，無須過分執著時間的長短，最好以健康狀況為根據。例如：有些孩子每天早上不需人叫便自動起床，而且整天都充滿活力，精神充足，身體健康而體重又能適量地每月增加，那麼，即使他的睡眠時間比同齡的孩子要短，也不用擔憂。

不過，午睡時間過長，可能導致孩子晚上無法入睡或不能熟睡。在這種情況下，家長最好讓孩子早些起來，到戶外散步或玩玩遊戲，消耗部分精力，這樣他們晚上才會容易熟睡。

▎按時作息

如今的孩子由於生活領域的拓寬，日常生活內容也越來越豐富多彩。許多孩子因此難以控制時間，常常晚睡晚起，吃飯時間也不正常，難以按時作息。

按時作息的好處是生活有節律，人體生理時鐘也較有規律，不紊亂，身心變得舒適和健康，讀書效率也高。由於按時作息，孩子還能較好地避免懶散的習氣，從而形成積極學習、勤奮向上的良好品性，健康成長。

▌叫醒孩子要選擇恰當的時機

人的睡眠分幾個階段，早上多處於做夢階段。判斷方法是：當你仔細觀察會發現，孩子在睡眠中有時會睫毛顫動，此時家長最好不要叫醒孩子，不然孩子被叫醒後容易起床氣，或者身體不舒服。家長讓他做什麼，孩子當然也就不會愉快地配合。

▌及時鼓勵

不要在孩子起床後大聲訓斥，這樣孩子會產生反抗情緒，以後更不願意起床。家長應該耐心地對待孩子，起床時多給他一些鼓勵的話，親切的動作、悅耳的音樂、可口的早點，都會讓孩子高興起來。

▌適當的處罰

學齡前孩子起床常需要家長督促幫助，這是正常現象。但孩子在七八歲之後仍然不能自己準時起床，甚至早上醒了也不起床，這就需要一定的懲罰了。

處罰前，要替孩子制定時間表，讓孩子明白，如果達不到

第四章　自愛的起點：規矩中的自由與安全感

規定的時間目標會受到怎樣的處罰。處罰應該是公平合理的，不可過重，也不可只有口頭警告。

例如：因晚起無法準時吃早點，就沒有早飯可吃。要讓孩子為自己的行為付出代價，不要只是家長著急，孩子一點也不著急，家長幫他做這做那，一旦照顧不到，孩子則手足無措。要讓孩子適當吃些「苦頭」，避免將來栽大跟頭。

如何培養孩子的安全意識？

缺乏安全感，這是現時人們對於日益複雜、高速發展的社會現實的一種真切感受。同時，由於現在家庭越來越多「獨苗」，家長對孩子的人身安全感到更加憂慮，上學放學要親自接送，回家後不准獨自外出與小朋友玩，孩子只能被關在窄小的空間範圍內，家用電器、爐具一律不准摸，以防意外，孩子在家裡就像個被捆住了手腳的機器人。

其實，父母這種消極的舉動並不能發揮實質的作用，關鍵還是要讓孩子自己樹立起安全意識。

日本人很有安全意識，往往一進了飯店，他們就會問防火通道在哪裡，一旦發生火災，知道從哪裡疏散。這與他們從小接觸的安全教育有很大關係。

而學校也會普及安全知識的教育，例如學校會安排學生演習發生火災、地震之類的重大災害時，要如何保護自己並快速撤離到安全地帶。

但是家長不能完全依賴學校，一是學校能教給孩子安全知識的機會並不多，二是學生那麼多，老師並不能保證每一個孩子都能掌握安全常識，所以還是需要父母提高自身的安全意識，並教育孩子如何自我防範、自我救助。

有項調查發現，60%的事故發生在家裡或者家的周圍。家是人們放鬆生活的地方，往往也更容易出問題。這不是危言聳聽，而是事實。隨便在網路上一搜尋，就會發現家裡大人不注意保護或者孩子自身沒有安全意識造成的悲劇數不勝數。比如2017年12月底，中國雲南一家4個孩子在門窗密閉的家中燒火取暖，結果全部中毒死亡。如若父母早有良好的保護意識，向孩子灌輸自我保護的安全知識，也許就不會發生這種事情了。

進入青春期的少男少女，他們覺得自己大了，不再需要父母帶著外出了，能獨立到賣場等場所活動了。可是，別看他們的身體發育已接近成年人，他們的安全防範意識仍然普遍不到位，或者缺乏相關的安全常識。父母不僅應有自我保護及保護孩子的意識，還應教給孩子一些自我保護的常識。

在培養孩子的安全意識上，父母需要做些什麼呢？

第四章　自愛的起點：規矩中的自由與安全感

▌讓孩子掌握基本的安全知識

對於小學生，完全可以把一些安全知識教給他們：家用電器的使用和安全注意事項；瓦斯爐的安全使用；化學物品、藥品的標識及使用；如何遵守交通規則；上學放學路上要與同學結伴走，不要隨便與陌生人搭話或吃陌生人給的食物；注意保護自己的身體，不能讓硬物、銳器損傷身體任何部分等。

兒童天生好奇、好動，不能硬性限制其活動，但一定要讓其掌握安全知識，否則後果不堪設想。例如：有一個國小二年級學生，看到燈泡會亮，就自己找來一個燈泡，用金屬絲去接電源，結果觸電而亡。如果孩子事先已懂得安全用電，又怎會發生這類悲劇。

▌教給孩子意外發生時的應急措施

讓孩子懂得應急措施非常必要，例如：瓦斯外洩時要先切斷氣源，開窗通風，千萬不能馬上開燈或關電子打火開關，否則會引起爆炸；遇到意外，會打報警電話、急救電話等；懂得一些基本醫學知識，如急救止血方法；萬一被人強行帶走，要懂得找機會逃脫或找當地警察機關、政府部門等。

▌培養孩子的自制力

有些孩子也懂得安全知識，但天性頑皮，貪玩、貪吃，自制力差，有時玩起來忘了安全，造成自己受傷或損傷別人，或

控制不住自己,吃陌生人的東西而上當受騙。因此,父母平時要注意對孩子自制能力的培養。

找準內在心理需求,孩子戒菸很容易

吸菸有害健康,正處在成長發育期的青少年尤其應該遠離菸草。可是我們遺憾地看到,現今在吸菸者的隊伍中並不乏一些小小的身影。雖然學校、家長三令五申,卻還是有不少同學置若罔聞。

青少年吸菸是一種極其有害的行為。

首先,吸菸是對生命的危害。青少年吸菸受到的危害比成年人要大。因為青少年正處在身體迅速成長發育的階段,身體的各器官系統還沒有發育成熟,比較稚嫩和敏感,抵抗力不強,而且對各種有毒物質的吸收比成年人要容易,所以中毒更深。青少年吸菸還可能導致早衰、早亡,影響下一代的發育。女生吸菸則會引起她們月經紊亂和痛經等症狀。

其次,吸菸對心理功能有害無益。長期吸菸會導致人注意力和穩定性有一定程度的下降,同時還會降低人的智力水準、學習效率和工作效率。青少年吸菸成癮,可能引起思維能力的嚴重退化和智力功能的損傷,嚴重的還會導致思維中斷和記憶障礙。

第四章　自愛的起點：規矩中的自由與安全感

　　最後，青少年吸菸會助長其追求享樂的生活態度，增加父母的經濟負擔。吸菸還會促使他們進行不良交往，誘發不良行為，甚至引發犯罪。為了弄到買菸的錢，不惜偷竊、敲詐勒索、搶劫。

　　青少年吸菸也會給社會帶來嚴重危害。吸菸是引起火災事故、危害公共安全的重要原因。香菸的煙霧會汙染周圍環境，損害他人健康。

　　那麼，孩子究竟是因為什麼才吸菸的呢？

　　很大一部分孩子是在好奇心的驅使下開始吸菸的，他們認為「吸菸很酷」，禁不住誘惑，效仿長輩，就抽上了菸；有的孩子是受家長的影響，如果一個孩子的家長嗜菸如命，那麼孩子很可能去模仿，家長在無形中為孩子創造了吸菸的環境；有的孩子則是在學校、家長的沉重壓力下，選擇吸菸作為解脫的方式；還有的孩子是叛逆心理在發揮作用；另外社會環境、社會輿論對孩子也造成了很大的影響。

　　一位有吸菸史的學生說：國三時，讀書壓力特別大，父母又對他期望很高，當時心情特別煩躁。偶爾點燃一支香菸，吸上幾口，煩躁的心情會隨著煙霧一起吐出，消散在空氣中。因為貪戀那種輕鬆的快感，菸成了他生活中不可或缺的東西。但後來隨著咽炎、氣喘等症狀的出現，他才切身體會到吸菸的危害。所以，他奉勸各位學生千萬不要吸菸，不要當香菸的

俘虜。

一位爸爸講，自己的兒子在上國中時，曾經有一段時間沾上了抽菸的惡習。首先發現兒子抽菸的是他媽媽，她從兒子身上和口氣中聞到了淡淡的菸草味。他們覺得對於正在上學的孩子來講，採取簡單的強制戒菸措施不易見效，於是，他們主動找到孩子的班導，說明了情況，請求幫助。

孩子的班導是一位責任心強、富有工作經驗的老教師。他認真調查後發現，班上的確有少數學生聚集抽菸的現象，之後，他逐步做了大量細緻的工作：挖掘這些抽菸者的學習潛力，豐富學生的業餘生活；有計畫地集合全班進行「吸菸是否更瀟灑」的大討論，並專門收集了大量反映吸菸危害性的圖文資料；還讓學生與學生、學生與家長之間結成互助監督小組。

不到半年，孩子竟成功地戒了菸。現在回想整個過程，家長的主動配合、科學知識的正面影響、優秀集體的薰陶帶動，以及班導師富有成效的工作措施，都發揮了重要的作用。

家長一旦發現孩子有吸菸的行為，應該態度堅決，及時糾正。那麼，家長怎樣幫助孩子改正吸菸的壞習慣呢？

▍要向孩子進行正面教育，講明吸菸的危害

告訴孩子，香菸中含有多種有害物質，特別是尼古丁。吸菸對呼吸器官的機能有很大的破壞作用，易引發呼吸道疾病，影響身體健康。吸菸會降低未成年孩子的腦力活動，損害記憶

第四章　自愛的起點：規矩中的自由與安全感

能力和學習能力，影響智力發育。家長只有進行說服教育，讓孩子明白吸菸的害處，他們才能自覺地克服吸菸的壞習慣。

■ 要切斷使孩子染上吸菸壞習慣的汙染源

主要從三個方面著手：

- 良好的家風是無形的教育力量，家庭中沒有吸菸者是最理想的環境。家長要以身作則，不吸菸或及時戒菸。會吸菸的家長除不能姑息遷就孩子吸菸外，還要不給孩子提供吸菸和買菸的機會。
- 引導孩子參加社會公益活動，掌握他們活動的時間和內容，防止他們和那些吸菸的夥伴經常來往。
- 要取得學校老師和同學的配合，經常查詢孩子是否有吸菸跡象，實行共同監督。

■ 培養孩子要求戒菸的心理

在孩子看來，會吸菸就是長大成人的象徵。所以不少孩子開始吸菸時都是出於好奇心、好玩，隨後就試著吸菸，偷著吸菸，最後發展成不以為然地公開吸菸。

此時家長要幫助孩子意識到，會抽菸並不是成人的象徵，大多數成人是不抽菸的。同時耐心開導，幫助他們樹立戒菸的決心。千萬不能訓斥挖苦，更不能打罵或攆出家門。重要的是，讓孩子自己從主觀上產生戒菸的需求和動機。

▌幫助孩子將精力集中在課業上，
▌這是改正吸菸壞習慣的治本措施

俗語講：正事不足，閒事有餘。大量事實顯示，孩子開始染上吸菸行為時，也正是失去讀書興趣之時。絕大多數吸菸的孩子都是功課不好的學生。為此，家長要引導孩子走上讀書的正道，經常過問和輔導他們的課業，隨時鼓勵孩子學業上的每一點進步，使孩子將主要精力和活動時間用在讀書上。這將有助於他們戒掉吸菸惡習。

孩子玩遊戲，媽媽反而要鼓勵？

國二學生小藝是家中的獨生子，從小跟外婆長大。據小藝爸爸介紹，小藝的成績一直不錯，進入私立中學以後，國一第一學期功課還都八九十分，第二學期明顯下降，升上國二成績直線下滑，除了數學仍考了 98 分，國文、英語、物理都不及格了，後來才發覺小藝迷上了網路。

有次小藝失蹤了，兩天一夜不見人影，小藝的爸爸媽媽一間網咖一間網咖去尋找。他們在一間網咖找到他，教訓他不能再這樣下去了。小藝哭著說：「我錯了，我一定改！」

儘管小藝屢次保證不再進網咖，但這位 13 歲少年沒能控制住自己，沒過多長時間，小藝再次失蹤了。父母又一間網咖

第四章　自愛的起點：規矩中的自由與安全感

一間網咖地找,終於在另一間網咖找到了他。

小藝爸爸向記者回憶那天的情景:孩子已兩天沒吃飯了,臉色蒼白,渾身都軟了。在他身上發現了一張會員卡,網咖裡有許多穿著校服的學生。當時我們十分生氣,我找到老闆說:「未成年不准深夜逗留網咖,你為什麼還讓孩子註冊會員,這不是把孩子往火坑裡推嗎?」老闆只說了句「我不知道他還未成年」,讓櫃檯人員把會員卡退了,便走了。

小藝爸爸說,他們最後一次把小藝拉回家已是下午3點鐘了,小藝哭著說:「我中了線上遊戲的毒害,我管不住自己,是個沒用的人了。」

小藝是沉迷線上遊戲比較嚴重的一個例子,除此之外,還有更多事例擺在我們面前。

在一些網咖裡,真正上網瀏覽資訊的人很少,絕大多數孩子都在玩各種充滿殺戮、格鬥情節的線上遊戲。

據專家分析,線上遊戲吸引人有兩大要素:一是互動性,二是情節。在線上遊戲裡孩子能獲得許多極限感受,如可以目擊血雨腥風的殺戮場景,發洩不快心理;可以過關斬將,感受崇拜者的眼光;可以和上千人同時邊打邊聊,交上一些天南地北的朋友。

有人曾進行過這樣一個調查 ——「你認為遊戲中的成功與現實中的成功哪個更重要?」結果,70%～80%的學生認為

一樣重要。由於青少年對線上遊戲的操作、探索做得比成年人還好，所以他們很容易在線上遊戲中獲得現實生活中失落的自信和後來居上、捨我其誰的滿足感、成就感。

在當前的教育模式下，學生普遍課業負擔很重，很多孩子沒了「自我」，活得很累很壓抑，而又缺乏必要的宣洩途徑，只有在遊戲中才沒有人強迫他去做功課，這個環境對孩子們很有吸引力。

青少年正處於人生觀、價值觀形成期，大量接觸遊戲中的暴力情節，會習以為常，在現實生活中遇到一些問題，往往想到用遊戲裡的方式解決，容易產生一些過激的行為。

在虛擬世界裡，可以隨意地殺人、放火，可以戀愛、結婚，而這一切都不必承擔任何後果和責任。涉世未深的青少年的人生觀、價值觀、道德觀在這裡很容易被扭曲。一些線上遊戲創造的魔幻色彩，甚至能控制青少年的意志和思維，讓他們在現實與虛擬中遊走。

可見，青少年沉迷線上遊戲將給他們的課業、生活以及未來的發展帶來很不利的影響，那麼，家長應該怎樣幫助孩子不再沉迷遊戲，健康地接觸網路？有以下幾點建議：

▍讓孩子多多體驗成功

研究顯示，人接觸不良信息的反應是不同的，對線上遊戲的迷戀也不相同。在生活中成功的人，受的消極影響較小，而

第四章　自愛的起點：規矩中的自由與安全感

在生活中失敗的人，容易沉溺於虛擬時空。因此，讓孩子在生活中獲得成功，是抵禦不良媒體的關鍵。

▎在玩遊戲中培養孩子的自制力

改變他們自發地、無休無止地玩遊戲的傾向，規定平時每天玩遊戲最好不超過一節課的時間，週末、節假日每天最好也不要超過 3 小時，還要使其注意每隔 40 分鐘左右停下來到戶外活動活動。

▎鼓勵孩子多玩益智類、運動類的遊戲

不提倡上小學的孩子玩大型多人線上遊戲。如果孩子已經在玩了，應該與他們協商，要嚴格控制遊戲時間，還要提醒和監督孩子不玩色情、暴力的遊戲。

▎引導和鼓勵孩子發展多方面興趣

在玩遊戲中及時發現他們其他方面的潛能，支持他們參加興趣小組或科普、體育、文化活動。

▎讓孩子與現實中的人交流

兒童長大的過程是社會化的過程，而社會化離不開與同齡群體的密切交往，離不開深刻的體驗。所以，讓孩子從小生活在夥伴的友誼之中，是避免虛擬時空誘惑最重要的保障。

▎實行「目標管理」和正確引導

對孩子玩遊戲的次數與時間可以實行目標管理。成績提高

後，可以適當延長遊戲時間，反之，適當縮短遊戲時間。做到獎勵與懲罰相結合，從而調動孩子的學習積極性，增強其自制能力。

繞不開的青春期：「談戀愛」

不少父母對孩子，尤其是女孩與異性的交往十分警惕，「十二分」擔心，害怕她們會談戀愛，更擔心她們由於無知、好奇而產生難以挽回的後果。面對孩子的「戀愛」現象，家長和老師有的無可奈何，有的圍追堵截，有的嚴厲禁止，有的循循善誘……態度和方法不同，所產生的效果也截然不同。

在現實生活中，我們常常見到這種現象，父母的干涉非但不能削弱戀人之間的感情，反而使他們的感情得到加強。由於青少年處於特殊的發育期，好奇心強，反抗心理重，因此，父母的干涉越多，反對越強烈，他們「相愛」就越深。

德比和愛麗絲是13歲的中學生，青春期情感的萌動使他們相互吸引走到了一起，一開始，老師和家長都竭盡全力干涉，然而，這種干涉反而為兩個孩子增加了共同語言，他們更加接近，儼然一對棒打不散的鴛鴦。

後來，校長改變了策略，他將孩子和老師都叫去，不僅沒

第四章　自愛的起點：規矩中的自由與安全感

有責備孩子們，反而說是老師誤會了他們，把純潔的感情玷汙了。過後，這兩個孩子還是照樣來往，但是沒過多久，他們就因為缺乏共同話題而漸漸疏遠，最終，由於發現對方與自己理想中的王子或公主相差太遠而分道揚鑣。

還有一個 9 歲孩子的「愛情」故事：

一天，一個德國留學生到一位臺灣朋友家裡做客，朋友的女兒凱莉一邊跳舞，一邊大叫著「我要轉學，我要轉學」。

原來凱莉剛來德國不久，現在一家德國小學讀書。第一個黃皮膚、黑頭髮的女孩子的出現，在班上引起了不小的轟動。剛上學沒幾天，就有一個 9 歲的德國小男孩彼得稱自己愛上了凱莉。

這在德國學校裡是常見的事，可是凱莉作為一個在亞洲長大的傳統女孩子，她的反應不是像西方小女孩那樣得意，而是十分憤怒。但彼得卻很坦然地找盡一切機會對凱莉表示親密。

有一天，凱莉生病了，向老師請了假。誰知彼得竟然在班上大哭起來，嚷著說沒有凱莉，他就不能繼續上課，他要回家。

老師既沒有責備他，也沒有安慰他。到了家，彼得哭著對媽媽說，他要和凱莉結婚。在亞洲，這是一件非常可笑的事，家長就是不以為羞，也會感到深深憂慮的。那位德國留學生好奇地向朋友詢問彼得媽媽是如何反應的。

繞不開的青春期:「談戀愛」

朋友說:「彼得媽媽和藹可親地對彼得說:『那很好啊,但是結婚要有禮服、婚紗、戒指,還要有自己的房子、花園,這要花很多很多的錢,可是你現在什麼也沒有,連玩具都是媽媽買給你的。你要和凱莉結婚,從現在起,就得努力讀書,將來才有希望得到這一切。』從此以後,彼得為了能夠娶到自己的『新娘』,在課業上比以前更加努力了。」

面對孩子在異性面前的「非常」舉動,父母要認識並接受孩子青春發育期的生理和心理狀態。處於成長發育期的孩子渴望與異性夥伴交往,問題的關鍵在於如何培養他們健康的異性間情感。兒童雖不會有成年人的那種異性之愛,但也有必要從小培養他們與異性建立健康的情感,使他們能夠理解異性、尊重異性,與異性建立自然的、友愛的關係。

談戀愛對學生學業的影響主要有兩個階段:一是追求階段,二是分手階段。在這兩個階段,他們往往會精神恍惚,魂不守舍。

如果家長發現孩子有戀愛苗頭,也不要如臨大敵,一味斥責孩子,而應分析孩子戀愛的原因,根據不同情況採取不同的教育方法。家長可以參考以下建議:

▍從小培養孩子遇事向家長訴說的習慣

「戀愛」問題的解決主要取決於父母能否理解他們,是否站在他們的立場上,用他們的觀點和思路去分析他們面臨的情

第四章　自愛的起點：規矩中的自由與安全感

境。其要點是教育民主。如此一來，家長就能知道孩子真實的想法，而且這對於孩子開朗個性的塑造和創造精神的培養，都是非常重要的。

▌承認孩子青春期的生理和心理狀態，給予他們必要的疏導

有了第一點作為基礎，孩子就會向家長講述自己的想法。對孩子青春期出現的變化，家長不妨「拆穿西洋鏡」，這樣他們就會理解到自己的隱私原來就是這麼一回事，這將減少有意無意的掩飾對於教育的干擾。須知認識自己「醜陋」的一面，對於扎扎實實做人是至關重要的。

▌進行正確的人生觀引導

愛情永遠是文學的主題，但是人的一生並不全是愛情，還有理想和抱負。人生觀也是選擇心儀對象的重要標準。如果我們加強了對正確人生觀指導作用的教育，就有可能抑制由性需求帶來的可能不符合社會規範的行為。顯然，人生觀的教育是一個長期的累積過程，它不是臨渴掘井能奏效的。也就是說，戀愛問題的教育遠在它發生之前。

▌教孩子辨識他人，特別是辨識異性的方法

人們說初戀是美妙的，是少男少女的遊戲，在他們眼裡，初戀的對象是不可能更好的完人，其原因就在於他們對異性的特殊感情矇蔽了他們的認知。因此，教給他們如何擺脫微妙情

緒的影響去辨識異性,並鼓勵他們結交更多的異性,有助於辨識異性和控制自己。

■不要張揚,要冷處理,以免損傷孩子的自尊心

激起孩子的反抗心理,反而會導致他們「破罐子破摔」。一般說來,對精神空虛的孩子要加強正確的人生觀和價值觀教育,並且要加強遠大理想和學習意義的教育,注意控制孩子用錢的數量和在外活動的時間,督促孩子將精力放到課業上來。對於愛慕虛榮的孩子,家長可以鼓勵他根據自身特長參加有益的藝文活動,在活動中認識人生價值,增強社會責任感;對於盲目鍾情的孩子,家長要幫助他用理智勒住感情的野馬,認識到不同的年齡有不同的任務,青蘋果看起來美,吃起來是酸澀的,並鼓勵他開闊心胸,振作精神,昇華感情。

■不要操之過急,要有耐心

在教育過程中,家長要有耐心,不要操之過急,孩子轉彎是需要時間的,有時還會有反覆。

■營造一個充滿愛的家庭氛圍

優化家庭氛圍也是至關重要的,如果一個孩子在缺乏愛的生活環境裡,那麼,他是很難形成健康的心理的。

■對孩子進行一些必要的性知識教育

家長恰當地對孩子進行一些青春期性生理知識和性道德知

第四章　自愛的起點：規矩中的自由與安全感

識教育也是必要的，這樣有利於消除性的神祕感，讓孩子以正確的態度對待戀愛問題。

第五章
人格養成：規矩下的責任與成長

―― 獨立有擔當的孩子最強大

第五章　人格養成：規矩下的責任與成長

你不講信用，就別指望孩子有誠信

信用是一個人立身行事之本。孔子說：「人而無信，不知其可也。」一個全無信用可言的人，一定會為眾人所不齒；不要輕率許諾，輕諾必寡信。言必行，行必果，不僅是對別人的尊重，更是對自己的尊重。

古人曾有「曾子殺彘」的故事：

曾參與妻子帶著兒子去集市，在集市上兒子哭鬧不停，他的妻子告訴孩子，如果不哭了，回家後就會有豬肉吃。

等回到家，曾參拿起刀準備殺豬，妻子連忙阻止說：「我不過是哄著他玩罷了！」但曾參說：「孩子雖小，但不可以戲弄他，現在妳對他說謊，將來他會照樣對妳說謊，如果母親欺騙兒子，他會從此不信任妳。」

曾參最終還是把豬殺了，他言出必行、不失信於兒子的故事至今廣為流傳，也被教育家們認為是教育兒童的典範。

一位美國媽媽，應邀到一戶日本人家來做客，她帶著一個8歲的女兒。女主人很會做飯，有一天說：「今天我做西餐給你們吃，你們嘗嘗日本人做的西餐好不好吃。」

那個8歲的美國女孩想東方人做西餐肯定不好吃，就說「我不吃」。後來女主人做好了西餐，把冰淇淋端上來的時候，這個外國女孩眼睛都亮起來了，這麼好看哪，一看就知道好

吃。她說:「媽媽,我要吃冰淇淋。」

　　日本媽媽是按份做的,因為小女孩前面說不吃,所以沒有做小女孩那一份。於是,她說:「這樣吧,你吃我這份。」沒想到美國媽媽說:「不,我的女兒今天說過了不吃冰淇淋,那麼,她今天就不能吃冰淇淋。」小女孩急了,趕忙說:「我今天特別想吃冰淇淋,我今天一定要吃冰淇淋。」媽媽還是不同意。小女孩哭得鼻涕一把淚一把,但她媽媽就是不讓她吃,日本媽媽說:「給她吃吧,孩子嘛,說話不算話,給她吃。」美國媽媽堅決不讓她吃,一點餘地都沒有,就是不讓她吃。

　　家長應該從小就教給孩子:說話一定要算數,一諾千金,培養自己崇高的人格,做個讓人信賴的人。更重要的是以身作則,答應孩子的事一定要做到,如果你認為他年紀小,可以馬馬虎虎地對付,那你就錯了,你的一言一行都會深深地刻在他的腦海裡,而且他會隨時翻出來照著做。

　　改正孩子不講信用的習慣,家長們可以從以下幾點做起:

▌讓孩子知道守信的道理

　　孩子還小,常意識不到無法遵守諾言帶來的後果,往往在受到同伴的孤立後才感到痛苦。家長可以透過講道理或講故事的形式讓孩子懂得,自己承諾了某件事而不去做,別人就會感到很氣憤。不守信用的人,大家都不喜歡。同時,如果孩子一旦對他人做出某種承諾,家長應督促孩子努力去實現。

第五章　人格養成：規矩下的責任與成長

▌家長要做到言而有信

不要輕易對孩子許諾，一旦許諾就要兌現。如果因突然有事不得不改變原計畫，也要和孩子解釋清楚，不能草率應付。

由於孩子還不能客觀地評價自己，他們對自己能力的猜想往往超過了實際水準。有時孩子雖然答應了，但由於能力和經驗不足根本做不到，這時家長應幫助孩子分析原因，而不是斥責孩子，應告訴孩子承諾任何事都要根據自己的實際情況，只要自己能力所及的，答應了就要做到。這樣才能慢慢使孩子學會正確對待自己，客觀地分析事物。

▌教育孩子在答應別人的要求之前認真想一想

家長要有意識地教育孩子在答應別人的要求之前好好想一想，看看自己是否有能力、是否願意滿足對方的要求。如果認為自己的條件還不具備，就不要輕易答應對方。

▌凡是自己已經答應做的事情，就要努力去做

少年兒童有時因為考慮問題不周全，可能會遇到困難，那也不要輕易放棄，父母應該幫助孩子把事情做好。

自我服務有助於孩子培養責任心

在教育孩子的時候,一定要讓孩子明白:每個人都應該為自己的行為負責,都要承擔自己行為帶來的結果,無論是好還是壞。這是父母在教育孩子時一定要著力制定並遵守的規矩。尤其是在集體活動中,孩子更要盡職盡責,有條理地做好自己的本職工作,否則就會給自己和大家帶來麻煩。

學校帶領學生去國家公園野餐,老師將需要帶的東西分派了下去,由班上的每個同學負責回家準備一項。同學們有的負責去超市買食品,有的負責準備烤肉的爐子,有的負責所有的餐具……威爾遜分到的任務是準備烤肉要用的調味料。

期盼這次野餐已經很久了,因此,消息一得到確認,威爾遜就開心地蹦了起來,直到放學回家,他還在歡呼著,惹得爸爸媽媽一陣憐愛。媽媽提議威爾遜列一張單子,把需要帶的東西先想好了,然後交給媽媽檢查,這樣可以防止沒有經驗的威爾遜漏拿東西。

但是威爾遜說要先出去跟小朋友宣布這個消息,回來後再列清單。他說:「放心吧,爸爸媽媽。我會帶好的,別擔心。」

媽媽雖然不是很相信他,但一想,這是一個很好的鍛鍊機會,就沒有再要求他必須現在開列出清單來。

小威爾遜在外面玩了很久,臨到晚上該睡覺的時候他才匆忙跑到廚房裡收拾應該帶的東西。

第五章　人格養成：規矩下的責任與成長

　　第二天，當全班人準備就緒，開始野餐時，小威爾遜卻怎麼也找不到烤肉醬，他慚愧地低下了頭。這次教訓讓他意識到由於自己的疏忽，這次活動大為遜色，影響了自己，也麻煩了別人。

　　父母作為孩子直接的榜樣，也應該以身作則，自己的過錯造成的後果絕不推卸到孩子身上，要成為承擔自己行為所帶來後果的表率。

　　7歲的艾迪坐在靠近門邊的書桌前寫作業，外面風很大，作業本被風吹得啪啪直響。艾迪不得不一次次跑去關門，每次關上沒多久，一陣猛烈的風就又把門吹開了。

　　這時，鄰居山姆叔叔來找艾迪爸爸，他沒有進門，和艾迪爸爸站在大門外閒聊起來。

　　沒多久，風又把門吹開了，艾迪於是跑去關門。他猛地把門關上，然而大門卻因為碰到障礙物反彈了回來，與此同時，站在門外的艾迪爸爸發出了痛苦的叫喊聲。

　　艾迪驚恐地看到，門外的爸爸五官痛苦地扭曲在一起，頭髮一根一根地豎著，而他的五根手指則怪異地纏來撐去……看到艾迪出來，爸爸暴怒地朝他揚起了手。原來，剛才爸爸的手放在門框上，艾迪突如其來的關門，差點把爸爸的手指夾斷。

　　艾迪嚇壞了，以為這次一定免不了一頓暴打。但是爸爸高舉的巴掌並沒有落到艾迪的臉上，艾迪的臉頰感受到的僅僅是一陣掌風而已。

事後，爸爸對艾迪說：「當時我確實痛得厲害，原想狠狠地打你一個耳光。但是，轉念一想，我是自己把手放在門框上的，錯誤在我，憑什麼打你？」

爸爸的這句極為普通的話，給了艾迪一個畢生受用無窮的啟示：自己犯了錯誤必須自己承擔後果，不可遷怒於他人，不可推卸責任，無論你是一個父親、老闆，還是領袖。

現在有些父母不太重視培養孩子的責任心，當孩子遇到事情的時候，父母總想替孩子完成，希望能為孩子留出更多的時間去讀書。責任心是孩子做人、成人的基礎，也是孩子做事情的標準之一，因此，父母一定要從小培養孩子的責任心。

那麼，父母想培養孩子的責任心要從哪些方面來著手呢？

從簡到繁，從易到難

父母應該在家庭生活中有意識地給孩子一些適當的、力所能及的任務，如打掃環境、負責替花草澆水等。待孩子完成之後，父母別忘了加以鼓勵。

聽取孩子對家庭生活的建議

經常和孩子講講家裡的花銷添置、人情往來，並請孩子談談自己的看法，或者請孩子出主意想辦法。當父母經常聆聽孩子的意見，並採納他們有價值的建議時，對家庭的責任感就會在他們心中油然而生。

第五章　人格養成：規矩下的責任與成長

▌讓孩子學會自我服務

不要總是對孩子說「你還小」、「你不懂」、「你不行」，而要給孩子一定的鍛鍊機會。孩子的成長速度是驚人的，遠遠超出成年人的想像。成年人認為孩子不能做的事，可能孩子已經完全有能力駕馭。因此，父母要盡量給孩子一些鍛鍊的機會和勇氣，這樣孩子才可以在自我服務中增強責任心。

▌強調做事的結果

在要求孩子做事時，父母還要特別注意孩子做事的態度，使孩子養成凡事要麼不做，要做就要做得認真、做得出色、做得卓越的習慣。

▌許諾要慎重，諾言要履行

父母不要輕易給孩子許諾，如果許諾了就要做到。同時，父母也不要總是讓孩子承諾什麼，給孩子提出的要求要符合他的年齡特點，否則孩子容易養成說了不算的壞習慣。

你的不放手，掐死了孩子的獨立

羅賓和布萊爾是好朋友。

羅賓結婚 5 年時，太太為他生了個金髮碧眼的女兒。他開心得像個孩子，見人就說他女兒多麼可愛，真是頂在頭上怕摔

著,含在嘴裡怕化了,寵愛得不得了。

「你很愛你的女兒。」布萊爾也有個近1歲的兒子,能理解羅賓的舉動,「小傢伙一定很可愛。」

「當然,」羅賓高興得眉飛色舞,「哪天讓你見見我的小天使。」萬聖節放假時,羅賓約布萊爾一家到郊外去玩。布萊爾終於見到了

羅賓的女兒,才7個月大,果然像個小天使一樣可愛。

野餐時,他們鋪了張大地氈,布萊爾的妻子把兒子抱在懷裡,時刻注意他的動向。兒子哭了,妻子馬上取過奶瓶;爬出地毯,她立即把他抱回來⋯⋯整個野餐中,妻子的目光幾乎沒離開過孩子。

吃過飯,布萊爾和妻子更是一切圍著兒子轉。

而羅賓夫婦就不同了,吃飯時,珍妮哭了,羅賓為她送去一瓶水,讓她自己捧著含著奶嘴喝;野餐後,他們乾脆把孩子扔在地毯上,夫妻倆手挽著手,像戀愛中的年輕人一樣,東遊西逛去了。

布萊爾的妻子很生氣,認為羅賓夫婦是把他們當成免費的保母,照顧孩子來了,可是布萊爾卻說羅賓絕不是這樣的人。

回去的路上,布萊爾問羅賓為什麼會把孩子丟下不管,羅賓聽了,也不做任何解釋,直接把布萊爾夫婦拉到了他們家。進了房間,羅賓就將一張影碟放進了DVD機,一按按鈕,電視螢幕上出現這樣的畫面:

第五章　人格養成：規矩下的責任與成長

　　一個媽媽，用兒童車推著個小男孩逛超市，從有冷氣的超市，走到陽光高照的街上，這個男孩一直在睡著。回到家，媽媽馬上把孩子放到小床上，孩子哭時，媽媽檢查了他的尿片後，給了他一瓶奶，小男孩喝完奶，自己玩起床頭的玩具；接著，這個男孩長到了1歲多，他像模像樣地自己用湯匙吃飯，一不小心，他的臉撞進了食物盤裡，他抬起髒兮兮的臉，驚恐地瞪大眼睛；外出時，小男孩跟在媽媽身後，跌跌撞撞地走著，忽然，一下子跌倒在地，媽媽開心地笑著，等在一旁，而小男孩也笑著爬了起來……

　　「太殘忍了。」布萊爾的妻子抱緊兒子，「這樣對待孩子，他心裡會有陰影。」

　　「不會啊，」羅賓愕然地說，「這也是我們養育孩子的方法。」

　　「我還是認為，這個孩子的媽媽並沒有盡到責任。」妻子不理布萊爾對她的暗示，一口氣說了出來。

　　「噢，」羅賓笑了，「她就是我媽媽，而那個男孩子就是我。」

　　在美國，羅賓的教子方式是最正常不過的。美國人普遍認為，人一生中最重要的有兩件事，一個是教育，另一個就是獨立。在美國公園的水泥地面上，我們經常看見蹣跚學步的孩子，有些孩子看上去很嬌弱，常常在地上摔倒。在夏天，有些孩子裸露出來的膝蓋有時會撞出一片暗紅的血印。孩子抬起頭望望父母的反應，如果父母很快跑來抱起他，心疼地安慰、揉撫，他便會委屈地哭起來；如果大人以鼓勵的態度說：「要不要

再試一試？」孩子會很快地爬起，又接著練起來。孩子撞痛了，父母當然很心疼，但這是孩子自己的生活、自己的決定，父母應該尊重他的願望，不要過分干涉，讓孩子自己決定該怎麼做。

孩子從呱呱落地到長大成人、成家立業，是一個從依賴到獨立的過程。如果一個孩子過於依賴父母，養成了習慣，當某一天突然被父母要求自己獨立時，孩子必然會牴觸、會反抗，因為他已經養成了依賴他人的習慣。

獨立也是孩子真正成長為一個大人所必須具備的素養，因此，為了孩子的未來，讓他們獨立生活是父母必須立下的規矩。規矩養成了，自然而然就會轉化成習慣。

家長可以從以下幾個方面來著手培養孩子的獨立能力：

▌幫助孩子發現自己的能力

父母們首先要相信自己的孩子是能夠獨立的，同時又要在生活中創造各種條件讓孩子們去發現自己的能力，可以先制定一些小的、容易實現的目標，比如自己整理玩具、自己刷牙、自己穿衣服……讓孩子在成功的體驗中感受到獨立的快樂。

▌能放手的時候盡量放手

天冷的時候，父母們不要先對孩子說「該穿外套了」，而要讓孩子自己在感受中學會加衣服。為了孩子的獨立，有時候父母不要對孩子照顧得無微不至。

第五章　人格養成：規矩下的責任與成長

■ 尊重孩子的選擇是讓孩子獨立的前提

籃球健將喬丹的母親曾經深有體會地說：「在放手過程中，最棘手、最不放心的問題，是讓兒女自己追求自己的夢想，自己做出事關終身的決定，選擇與我為他們確定的不同的發展道路。」這也恰恰是天下多數父母都擔心的問題。可是，要想讓孩子真正獨立，父母一定要衝破這一關，這是孩子獨立的關鍵所在。

■ 讓孩子獨立思考

獨立的行為來自獨立的思考，孩子的想法與父母不同時，父母不要急於否定他們的想法，而是要問他們為什麼這樣想。仔細聽聽他們的陳述，讓孩子獨立表達自己的見解。

從吃虧中學會寬容

要教會孩子如何為人處事，首先就要教會孩子理解和寬容。學會理解他人的難處，學會寬容別人的過失，並把這種理解和寬容轉化為內在的認知習慣，是兒童的愛心形成的認識基礎。一個善於體諒他人，對生活保持寬容態度的孩子，一定是一個充滿愛心的孩子。

作為家長，你能夠做到寬容和善於理解他人嗎？如果做不

到，你就必須嘗試著改變自己。因為這樣的改變不僅對你來說很必要，而且對於你子女的成長，意義更加深遠。因為如果父母都是斤斤計較，沒有容人之量的人，孩子也很可能因為父母的苛刻而變得不能理解父母，不能寬容父母的小錯誤。而父母要求孩子寬容他人，無疑也是沒有說服力的，孩子一句「你也沒有寬容待人」堵得父母啞口無言，相信這一定是各位家長不願看到的事情。

　　林林有一天對媽媽說，他有些討厭學校裡看腳踏車棚的管理員黃爺爺。聽林林這麼說，媽媽感到詫異。林林平常是一個為人溫和、彬彬有禮的孩子，怎麼會指責一個老人？於是問他為什麼。

　　林林告訴媽媽，這個黃爺爺脾氣一點也不好，有好幾次跟他打招呼，他根本不理睬。「這還不是最主要的，」林林接著說，「他對工作一點也不負責任。任何人在上班時間都不能擅離職守，可是他卻常常把腳踏車棚的鐵門一鎖，便連個人影也找不著了。前天，我因為生病請假提前回家，要找他開車柵門，你猜是在哪裡找到他的？在他寢室的被窩裡！他竟然跑回去睡懶覺了。我當時氣得真想寫信把這事反映給校長。媽媽，我能這樣做嗎？」

　　看著稚氣的林林，媽媽心裡有一種說不出的滋味。該怎樣教育這個孩子呢？

　　「林林，我想告訴你的是，你恐怕不能這麼做。你的心情

第五章　人格養成：規矩下的責任與成長

我理解，你是在想，如果一個人不能勝任他的工作，那麼就應該離開這個職位，這對別人也有好處。可是你知道嗎？每一個人都會有缺點，都可能有失職的時候。聽說，這位黃爺爺為你們的學校工作了 30 年，已經 70 多歲了。他沒有兒女，前年老伴患食道癌過世了，他自己的身體狀況也很不好，右邊的耳朵已經失聰了。學校之所以還在僱用他，就是考慮到他沒有其他生活來源。他現在是老了，體力也不行了，不過，他在年輕的時候是一個非常樂於幫助別人的人。林林，你想想，如果學校把他辭退了，他一個人孤苦伶仃的，以後的日子怎麼過呢？」

林林良久沒有吭聲，他低著頭，臉上帶著愧疚。最後他對媽媽說：「媽媽，我錯了。我對這位黃爺爺沒有做到應有的寬容，是因為我不了解他的情況，差一點感情用事。媽媽，我希望你能給我一個機會，讓我和我的幾個好朋友一道來幫助他。」

「當然好啊，」媽媽慈愛地撫摸著他的頭說，「你的做法讓媽媽感到欣慰。」

林林在媽媽的教導下，終於學會了理解他人，做到了寬容別人。

林林媽媽並沒有在林林指責黃爺爺時就急不可耐地教訓林林沒有寬容之心，而是耐心地詢問原因之後，先表示理解林林的想法，又把學校一直聘用黃爺爺的原因說出來，還告訴林林黃爺爺年輕時非常樂於助人，最後還把黃爺爺被開除的後果擺

明，以道理、事實說服林林，教會林林要有一顆寬容之心。

寬容的美德不是一朝一夕養成的，媽媽們在日常生活中做到以下幾點，對教會孩子寬容他人也有很大的幫助：

▌讓孩子擺正自己在家庭中的位置

要教育孩子擺正自己在家庭中的位置，讓他懂得他只是家庭中的普通一員，不能對他嬌慣，不能無限度地滿足他的願望，不能給他特殊權利，讓他高高在上。

▌要求孩子心中有他人

不要讓孩子總是以「我」為中心，一切只顧自己。

▌讓孩子有一些吃虧讓步的體驗

必要時讓孩子有一些吃虧讓步的體驗，以鍛鍊孩子的克制能力。

▌多給孩子與同伴互動的機會，使之從中得到鍛鍊

讓孩子在發生矛盾的後果中體會到，只有團結友愛、寬容謙讓，才能享受共同玩耍的快樂。

▌家庭成員間要友愛寬容

讓孩子從小就生活在一個溫馨、和諧、友愛、寬容的家庭環境中，使其在潛移默化的影響中，逐步形成穩定的、寬容忍讓的良好習慣。

第五章　人格養成：規矩下的責任與成長

發現孩子自私自利，必須叫停「特殊待遇」

我們不否認，人性中最古老、最真切的稟性就是自私，但如果人人都標榜看穿了塵世，信奉自私為座右銘，那麼這個世界必將暗無天日，這個社會必將走向衰亡。所以我們要教育孩子從小就友愛、無私。自私自利的孩子只能活在以自我為中心的世界裡，不會有真正的朋友。

在生活中，不難見到有這樣一些孩子，他們只顧自己，尤其是在自己的財物上特別吝嗇。自己的東西無論如何不會給別人，甚至自己的父母都不能碰一下。自私自利的孩子沒有關愛他人的觀念，也不知道心疼父母。

栩栩是個聰明可愛的小男孩，但是，他卻養成了自私自利的壞習慣。栩栩和爸爸媽媽生活在一起，在家裡，他是絕對的權威，但凡他的東西，就是爸爸媽媽也不能動一下。比如說，爸爸媽媽買了點心給他，如果爸爸媽媽說：「小栩，我們吃一點吧？」他肯定會一口回絕。

家裡要是來了小客人，栩栩就如臨大敵，他絕不會讓小客人碰他的玩具。吃飯的時候，他還會目不轉睛地瞪著客人，說：「那是我最喜歡吃的牛肉，不給你吃！」弄得大家都非常尷尬。週末，栩栩去奶奶家，只要見奶奶家有自己喜歡的東西，他就會提出帶回家。要是爺爺奶奶提出要去他家玩，他一定會

阻攔，弄得他的爸爸媽媽非常尷尬。

其實沒有哪個孩子一生下來就是自私自利的，這些壞習性往往都是後天養成的，絕大部分的孩子自私自利都是父母的溺愛造成的，尤其當代社會，有很多家庭都是三代「單傳」，那唯一的孩子被父母、爺爺奶奶、外公外婆寵上了天，是家裡的「小皇帝」、「小霸王」，這就導致孩子習慣享受長輩的付出，也從心理上開始認為是理所當然，這樣的孩子又怎麼可能會關心長輩，又怎麼會不自私自利呢？

所以，做父母的不能什麼都圍著孩子轉，在任何事情上都要平等，以免助長孩子的占有欲和養成自私自利的性格。

有位媽媽說：「我覺得孩子自私、小氣的毛病不管是怎樣養成的，都是可以改正的，重點是父母要用心，用有效的教育方法，幫助孩子改正這些缺點，彌補不足。我的孩子也有自私和小氣的毛病。最突出的就是自己的東西不肯讓別人動一下，生怕別人借去不還。有一次測驗時，孩子的鉛筆忽然斷了筆芯，身邊恰恰沒有削筆刀，他急得團團轉。結果還是同學把削筆刀借給他用，才解了他的『燃眉之急』，這件事給他影響不小。我們藉這件小事啟發他，我說：『你看看，你如果不幫助同學，下次再也沒有人幫你了。』孩子還是有記性的，他的心理慢慢發生了變化。現在，孩子已不像以前那麼自私，有什麼玩具也能和夥伴一起交換著玩了。」

第五章　人格養成：規矩下的責任與成長

很多媽媽抱怨孩子不服從自己的管教，其根本原因還是媽媽沒有用對方法。上面這個媽媽很有智慧，抓住了一個很好的機會來幫助孩子改掉自私自利的毛病，並且沒有引起孩子的牴觸。

當然了，就像是上面的媽媽說的，小孩子的可塑性很強，很多毛病都是可以改正的。媽媽可以從小培養孩子樂於分享的意識，也可以在發現孩子自私自利的毛病之後採取一些措施來改正：

▌鼓勵孩子多和同伴交往，尤其是跟比他大的孩子在一起

日常生活中，爸爸媽媽可讓孩子多和同伴往來，教育孩子吃的東西要分給別人吃，玩的東西要和別人一起玩。

孩子在交往、玩耍時，爸爸媽媽最好讓他和較大的孩子在一起，這樣，較大的孩子不僅可以適當帶領、照顧他，而且可以制止孩子的「獨占」、「掠奪」行為，因為大一點的孩子有一定的自衛能力，而小一點的孩子則往往能服從較大的孩子。

▌對於孩子自私、霸道的行為，家長要堅持正確的主張

不給孩子特殊待遇，對孩子堅持占有的物品，該動的一定要動，而且還要煞有其事地動，讓他習以為常，才不會讓孩子認為自己占有所有的好東西是理所應當的。

■從孝順長輩做起,從生活小事做起

注意培養孩子孝順長輩、先人後己的好品德。如:平時吃水果時,讓他把最大的拿給爺爺奶奶、外公外婆,逐漸養成有好吃、好用的東西大家一起吃、一起用的好習慣。讓孩子自己做他力所能及的事,從中體會別人的艱辛,可以讓孩子養成體諒他人的美德。

■創造良好的家庭環境,父母要以身作則

在日常生活的小事中不能自私自利、斤斤計較,更不可有鼓勵孩子自私的言行,一旦孩子看到眼裡,便容易形成錯誤的認知,模仿家長的行為。

孩子膽小怯懦,是你無心布的局

在眾多的獨生子女中,多數孩子活潑好動,能言敢為。但也有為數不少的孩子在家裡很放得開,但在外面就不行,整個人畏畏縮縮,不敢和其他小朋友一起玩,沒有同齡孩子那種愛動、貪玩、好奇的特點。他們靦腆,說話聲音低微,主動要求少,不敢一個人外出等。

懦弱膽小的孩子,儘管思維能力和才華與其他孩子一樣,但由於這種性格缺陷,在能力上往往得不到正常的發展。他們

第五章　人格養成：規矩下的責任與成長

怕與人共處、與人競爭，沒有較強的社會適應能力。長大之後，在事業上和社會適應方面都有較大的困難。

契訶夫的小說《小公務員之死》中，那個可憐的小公務員看戲時不幸與部長大人坐到了一起，把唾沫星子弄到了部長的大衣上，他就變得神經質般地惶惶不安。無論他如何解釋，部長大人好像都沒有原諒他的意思，這個小公務員在巨大的精神壓力下，竟然一命嗚呼了。

當然這是文學作品，但在生活中，也同樣有這樣性格怯懦的人，自己為自己製造煩惱，自己嚇自己，影響情緒。

孩子的怯懦性格與家庭環境、社會環境關係極大。因為孩子在小時候心智還沒有發育成熟，很容易受到周圍環境的影響。

莎拉是個膽子很小的孩子，她從小生活在爺爺奶奶身邊，爺爺奶奶對她精心呵護，日常生活幾乎一手包辦，慢慢地，莎拉就養成了內向、膽怯的性格。

後來，莎拉開始到父母身邊生活，爸爸脾氣比較暴躁，莎拉在他面前經常嚇得什麼都不敢說、不敢做。一天，家裡來了客人，爸爸讓莎拉幫客人倒水，一不小心，茶杯摔在了地上，爸爸當著客人的面劈頭蓋臉地罵道：「妳真是頭笨豬！」生性敏感的莎拉羞愧得無地自容。

當天晚上，莎拉做了一個噩夢，看見爸爸惡狠狠地用手指

著她的臉。從那以後，莎拉看到爸爸就緊張，越緊張越是出錯，每當這時，爸爸都毫不留情地加以訓斥。莎拉最後患了恐慌症，每天晚上都做噩夢，一點風吹草動都緊張到不行。

當這些恐懼悄悄在孩子心裡埋下種子，沒有得到父母的重視和疏解，它們就會一直生根發芽，直到像一張網把孩子牢牢箍住，使孩子變得越來越孤僻懦弱。這一性格缺陷對兒童的身心健康有很大影響，應及早矯治。

可以說，孩子的絕大部分害怕和恐懼，並不是與生俱來的，家長無疑有著不可推卸的責任。比如：父母過度限制孩子的活動，不准孩子單獨外出，不讓孩子多接觸同齡夥伴，造成孩子不合群，缺乏一定的社交能力；父母過分嬌寵孩子，事事包辦替代，使孩子喪失鍛鍊的機會；或者父母過分嚴厲，孩子整日戰戰兢兢……

那麼，對膽小的孩子應該如何教育呢？要矯正孩子的懦弱性格，家長應力求做到以下幾點：

▍營造和諧的家庭氛圍

一個硝煙四起的家庭，會徹底摧毀孩子的安全感。所以，想讓孩子擺脫膽小，父母一定要為孩子創造一個和諧溫馨的家庭環境，讓孩子自由自在地生活，並讓孩子有充分發揮的餘地。家長要盡量克制自己的脾氣，不要總是對孩子打罵訓斥。家長吵架，也千萬不要當著孩子的面。

第五章　人格養成：規矩下的責任與成長

▎注意用氣勢激勵

怯懦性格的最大弱點是過分畏懼，要克服這一弱點，就要藉助氣勢的激勵。父母要教會孩子用自我鼓勵、自我暗示等方法來培養自己無所畏懼的氣勢。比如：「你能編個故事給我聽聽嗎？」「當然能！」激勵他相信自我。

▎注意培養不怕失敗、勇於行動的良好心理素養

許多小朋友之所以怯懦，無非就是害怕失敗。但是，越害怕失敗就越不敢行動，越不敢行動就越害怕失敗。這種情況下，父母可以經常跟孩子講一些不怕失敗、戰勝困難的小故事。

平時，父母可以特意交給孩子一些對他來說有點困難的任務，當他想打退堂鼓時，及時給予鼓勵和幫助。隨著這類鍛鍊機會的增多，孩子的勇氣就會慢慢累積起來，就不會感到怯懦了。

▎和孩子一起交際

怯於和陌生人交流的孩子，往往是不知道如何和別人打交道。父母需要走出家門，到熱鬧的公共場所去鍛鍊孩子的交際能力。比如：週末帶孩子去公園、動物園、兒童遊樂園等，鼓勵孩子主動與小朋友、大人搭話。父母還可以時常邀請朋友來家裡玩，或帶孩子去別人家做客，教給孩子一些基本的社交技能。

讓孩子做力所能及的事

大人過分呵護，什麼都替孩子包辦，孩子過慣了舒適、平靜、安穩的生活，對大人產生了依賴感，一旦離開父母，便無所適從，遇事就怕。所以，要培養孩子獨立、勇敢的性格，家長必須放手讓孩子做力所能及的事，學會生活，比如自己睡覺，夜間獨立上廁所，自己到商店買東西等。這樣做可以增強孩子的自信心，孩子對生活也更樂觀。一個樂觀和自信的孩子，是不可能膽小的。

分蘋果教出來的公平競爭

美國一位心理學家為了研究母親對人一生的影響，在全美選出 50 位成功人士，他們都在各自的行業中獲得了卓越的成就，同時又選出 50 位有犯罪紀錄的人，分別寫信給他們，請他們談談母親對自己的影響。有兩封回信給心理學家的印象最深刻。一封來自白宮一位著名人士，一封來自監獄一位服刑的犯人。他們談的都是同一件事：小時候母親為他們分蘋果。

那位來自監獄的犯人在信中這樣寫道：

小時候，有一天媽媽拿來幾顆蘋果，紅紅綠綠，大小不同。我一眼就看見中間的那個，又紅又大，非常想要。這時媽

第五章　人格養成：規矩下的責任與成長

媽把蘋果放在桌子上，問我和弟弟：「你們想要哪個？」我剛想說要最大最紅的那個，這時弟弟搶先說出我想說的話。媽媽聽了，瞪了他一眼，責備他說：「好孩子要學會把好東西讓給別人，不能總想著自己。」於是，我靈機一動，改口說：「媽媽，我想要那個最小的，最大的留給弟弟吧。」媽媽聽了非常高興，在我的臉上親了一下，並把那個又紅又大的蘋果獎勵給我。我得到了我想要的東西，從此，我學會了說謊。

那位來自白宮的著名人士是這樣寫的：

小時候，有一天媽媽拿來幾顆蘋果，紅紅綠綠，大小不同。我和弟弟們都搶著要大的，媽媽把那個最大最紅的蘋果舉在手中，對我們說：「這個蘋果最大最紅最好吃，誰都想要它。很好，現在讓我們來比賽，我把門前的草坪分成三塊，你們三人一人一塊，負責修剪好，誰做得最好，誰就有權利得到它！」

我們三人開始比賽剪草，結果我贏得了那個最大的蘋果。我非常感謝母親，她讓我明白一個最簡單也最重要的道理：要想得到最好的，就必須努力爭第一。她一直都是這樣教育我們，也是這樣做的。在我們家裡，你想要什麼好東西都要透過比賽來贏得，這很公平，你想要什麼，要多少，就必須為此付出多少努力和代價！

同樣的蘋果，在兩個不同的媽媽手中，塑造了兩個截然不同的人生。人們都渴望得到美好的東西，孩子們尤其如此。孩

子的心靈是純潔的,他們本不懂得什麼是陰謀與手段,錯誤的教育使他們具備了耍手腕的能力。

在競爭社會裡,培養競爭意識的重要性是不言而喻的。想成就一番事業,沒有強烈的競爭意識是根本不可能的。競爭意識就是一種積極的進取心,是一種銳氣,是一種不爭第一誓不罷休的倔強。

我們希望孩子具有競爭的意識和能力,但前提是一定要正當和公平。父母應該利用孩子的需求,對孩子加以正確引導,使之懂得正當的索取與付出之間的關係,從小就培養起公平競爭的美德。違背人的天性的教育,必然造就扭曲的人格;錯誤的競爭意識的灌輸,必然培養出陰險虛偽的孩子。

那麼家長應如何讓孩子遵守公平競爭的規矩,養成正當爭取的習慣呢?

▍改變傳統的教育觀念和評價孩子的標準

我們經常把「孩子真聽話」、「真乖」作為「好孩子」的評價標準,可以說,這一觀念已經陳舊。從孩子未來生存發展的需求來看,從小培養孩子具有獨立自主意識,堅強的意志,敢想敢做、勇於創新、創造的精神及勇於迎接挑戰、挫折與艱辛的心理素養才是科學的教育觀念。

在教育方式上,家長要轉變原來的「我說你聽」、「我打你從」的教育方式,採取民主的、激勵型的、疏導型的教育方

第五章　人格養成：規矩下的責任與成長

式。同時要鼓勵孩子勇敢地走出書齋，走出家庭和社區，放眼世界，放眼未來，樹立雄心壯志。

▎在培養孩子的創造性思維方面下功夫

可以說現在的學校應試教育既束縛了兒童創造性思維的發展，也決定了家長循規蹈矩的教育方式。所以，家長在教育孩子時，要善於激發兒童的求知欲望和求知興趣，鼓勵孩子勤動腦、動手、動眼、動口，不死讀書，不機械服從，善於發現問題，提出問題，並嘗試用自己的思路去解決問題。

家長不能拘泥於書本、拘泥於現成的答案和傳統的教育模式來限制孩子，束縛孩子的手腳。當孩子表現出「新想法」，有了「新發明」，家長應及時予以表揚，並鼓勵孩子堅持探索。一個具有創造性思維的人，就是一個具有競爭意識和競爭能力的人。

▎培養和發展孩子的個性

發展兒童個性是目前教育界的一個熱門話題。這是因為人的性格特質中的能力、性格、氣質、意志以及需求、動機、興趣、愛好、信念、情感等，能反映人的能動作用和主體意識，是和一個人的創造力、競爭力緊密地連繫在一起的。

兒童個性的發展應與兒童本身的競爭能力緊密地連繫在一起，從兒童本身的需要、興趣出發，讓孩子不但有廣闊的知識背景，更有幾種特殊才能和本領，具有較完善的人格，從而在

激烈競爭的社會中立於不敗之地。

　　培養孩子的競爭意識應從小開始，從小事做起。在培養孩子競爭意識過程中，也應讓孩子明白，競爭不應是狹隘的、自私的，競爭者應具有廣闊的胸懷；競爭不應是陰險、狡詐和暗中算計人，而應是齊頭並進，以實力超越；競爭不排除合作，沒有良好的合作精神和集體信念，單槍匹馬的強者是孤獨的，也是不易成功的。

家長應鼓勵孩子參與集體競賽，為集體的取勝盡最大的努力

　　以班、組為單位的智力競賽、體育比賽等，是一種集體競爭行動，要求每個人既要發揮最大的潛能，又要互相合作協調，使整體取得成功。目標是既要戰勝對方，但又不能損害對方，孩子從中可學到許多競爭的方式方法，比如公正、平等，可以促進良好的競爭意識的形成。

教育孩子正確對待競爭中的勝利與失敗

　　有競爭就必然有勝利與失敗，家長在孩子取得勝利時，要讓其知道一山更比一山高的道理，終點永遠在前面；失敗時也別以為世界末日到了，耐心幫孩子找出失敗的原因，校正其努力的方向。勝利時洋洋得意，失敗時垂頭喪氣，都是缺乏良好競爭意識的展現。

第五章　人格養成：規矩下的責任與成長

轉移精力，嫉妒也能變動力

　　嫉妒是由於別人勝過自己而引起牴觸的消極的情緒體驗。黑格爾曾說，嫉妒是「平庸的情調對於卓越才能的反感」。在孩子中間嫉妒也很常見，比如：某同學比自己學業優秀，容顏俊美，孩子就會感到很難過；某同學穿得比自己好，家裡有錢，就會感到不舒服；某同學才華比自己出眾，就很不服氣等。

　　嫉妒程度有淺有深。程度較淺的嫉妒，往往深藏於人的潛意識中，不易覺察。如自己與某同學是好朋友，人家的功課、能力等都較強，因為是自己的好朋友，所以並不想加以攻擊，但在內心總有一點酸楚。而程度較深的嫉妒，會自覺或不自覺地表現出來，如對能力超過自己的同學進行挑剔、造謠、誣陷等。

　　5歲的朵朵，很懂事，很機靈。可是每次不管她有多高興，只要一看到媽媽跟別的小朋友親近，她就一個勁兒地哭鬧。朵朵媽媽對此很苦惱。

　　8歲的琪琪一次在體育課時故意用腳絆倒班上一個小朋友，被發現了還滿臉無所謂，甚至有點幸災樂禍。事後，家長和老師仔細詢問才知道，琪琪很不服氣老師稱讚那個小朋友做操做得標準，故意讓他當眾出醜。

朵朵和琪琪都有不同程度的嫉妒心。兒童的嫉妒心基本上都還處於萌芽期。若任其肆意發展下去，會對孩子的身心造成嚴重的危害。英國哲學家培根曾說：「嫉妒這惡魔總是在暗暗地、悄悄地毀掉人間的好東西。」

首先，嫉妒心理影響身心健康。嫉妒心強的人容易身心得病。由於他長期處於一種不良的心理狀態中，情緒上總有壓抑感，久而久之可能導致器官功能降低，產生不良的身心反應。因此，又會引起憂愁、消沉、懷疑、痛苦、自卑等消極情緒。這樣一來惡性循環，會嚴重損害身心健康。

其次，有嫉妒心的孩子在集體生活中是不受歡迎的。當一個人嫉妒另一個人的時候，就不會對那個人友善、熱情，兩個人的關係必然冷淡。嫉妒的對象越多，關係冷淡的對象也就越多。這就對孩子社交能力的發展帶來極大的障礙。所以，嫉妒心是孩子人際關係發展道路上的一塊大絆腳石。

嫉妒心強的孩子還會過分自信，甚至自大。但時間長了容易產生自卑，甚至可能像琪琪那樣採取不正當的手段去傷害別人，使自己陷入更惡劣的處境。因為對自己和別人的認識過於主觀和偏激，所以有嫉妒心的孩子在發展內省智慧方面也困難重重。

最後，嫉妒心強還會影響課業。嫉妒心強，直接影響人的情緒，而不良的情緒會大大降低讀書的效率。

第五章　人格養成：規矩下的責任與成長

面對嫉妒給孩子帶來的種種危害，不僅家長、老師著急擔心，孩子自己也很難受。怎樣才能幫這樣的孩子克服嫉妒心呢？

▌教育孩子承認差異，奮進努力

現實中的人必然是有差異的，不是表現在這方面，就是表現在那方面。一個人承認差異就是承認現實，要使自己在某方面好起來，只有靠自己發憤努力，嫉妒於事無補，而且會影響自己的奮鬥精神。我們應該把「努力改變自己」作為正確的指導思想。

家長千萬不可用貶低孩子所嫉妒的對象的辦法來減輕孩子的嫉妒心理，那樣會導致孩子過多地去看別人的不足而放棄自己的努力。

▌教育孩子不斷提高自我意識，正確地評價自己和別人

提高自我意識水準，是克服嫉妒心理的基本途徑。教育孩子經常反問自己：「我現在各方面表現如何？有什麼優點？有什麼缺點？跟上個月（或上個星期）比較哪些方面有進步？哪些方面有退步？我該怎麼辦？我有決心再上一個新的臺階嗎？我是否應該聽取爸爸媽媽的意見？是否徵求老師、同學的意見？」同時，教育孩子在班上替自己尋找追趕的榜樣，看到別人的長處。一個孩子如果能經常這樣去想問題，嫉妒心理就會慢慢打消，而能夠客觀地自我評價，客觀地評價別人。

把精力投入到學習中

學會昇華嫉妒心理，把它化為一種動力，每一時期替自己訂定一個奮鬥目標，並為此努力向上。在不斷奮進中，你不但取得很大的進步，嫉妒心理也會煙消雲散。

培養豁達的人生態度

人生本是一個大舞臺，每個人都有自己適合的角色，人人各有歸宿。要勇於承認有些人有比自己更高明更優秀的地方，努力向他們學習，奮發圖強，把自己的這種好強個性轉化為一種內在競爭機制，一種推動自己勇敢向前的力量，從而在社會中實現自己的價值。

五「管」齊下教出守法好孩子

青少年犯罪一直是一個令人關注的社會問題，根據內政部警政署的資料，2021 年，全國未成年人犯罪嫌疑人為 42,048 人，青少年作案嫌疑人占全部作案嫌疑人的比重為 15.85%，並且愈來愈趨於低齡化。

有一部分青少年走上犯罪道路是因為對法律一無所知。以下兩件事很能說明問題：

某中學一男同學，向一名女同學借錢，人家沒借給他，

第五章　人格養成：規矩下的責任與成長

他就用菜刀把人家砍死了。當警察人員逮捕他時，他還說：「警察叔叔，你千萬別告訴我媽媽，告訴她，她就不讓我上學了。」

某中學七八名學生結成一個竊盜集團，多次闖空門，罪行十分嚴重。當他們在法庭上被問及自己犯了什麼罪時，卻說不知道，並聲稱竊盜是出於好奇，想試試本事。

這些孩子因為不知法、不懂法犯下了罪行。但是，司法機關不會因為他們不懂法而不予追究，不懂法並不能減輕他們的罪過，當他們受到了法律的制裁時才追悔當初不該不學法、不守法，以致觸犯了法律，受到了處罰。讓青少年罪犯在鐵窗高牆之下懷著懺悔之心開始真正學習法律，實在是我們教師、家長及社會工作者的失職。須知，制止犯罪，懲治只是「揚湯止沸」，教育才是「釜底抽薪」。

然而還有一些孩子卻是在知法犯法。由於貪欲膨脹和缺乏嚴格的管教，他們一步步走向深淵。

中國江蘇南京曾經發生過一起學生長期結夥盜竊案件。6名集團成員在案發時平均年齡不到18歲，他們同校同班同寢室，最令人吃驚的是他們所學專業竟然是保安（保全）。

在南京公安（警察）機關的預審室裡，17歲嫌疑人小力供述了他們的違法犯罪事實：

「兩年前我帶著錄取通知書來到學校報到，同宿舍5個同

齡的同學成為好朋友、好『哥兒們』。不久,我們耐不住學校嚴格管理的約束,大家一商量就決定溜出去『熱鬧熱鬧』。從此,我們經常集體翻牆頭出去喝酒抽菸。

日久天長,老是喝酒抽菸,大家都有點煩,再說家裡給的錢老是這樣花也不太夠。一天晚上,幾個哥們在外面喝啤酒,也點不起什麼菜,都覺得很無聊。當時有人說,老是這樣不好玩,我們不如順便去『拿』點東西。藉著酒勁,大家都很贊成。」

從那以後,他們時常在夜裡酒足飯飽後,就一起到附近一些中小學校園行竊。由於學習相關專業,對刑法、警察業務、保全管理知識等有很多的了解,起初,他們盜竊也還算有點節制,只是「拿」些鉛筆、橡皮擦、牙刷、毛巾和書本等,不「拿」太值錢的東西。當然,因為懂專業知識,他們作案比較謹慎,相當注意不留痕跡等。

後來,經常作案膽子就大了,把學習的法律知識都拋到腦後,什麼值錢就「拿」什麼,幾個哥兒們有福同享,作案時互相提醒,每次都很順利,漸漸地對僅僅到中小學「拿」點東西不感興趣了。最後一次大家商量,快畢業了,今後要各奔西東,6個人沒機會一起「拿」了,於是決定幹點大的,就去了那家手機行。

因為他們幾個「哥兒們」心齊,有事經常能互相「打掩護」,先後盜竊的財物將近人民幣1萬元,學校和家長都沒能

第五章　人格養成：規矩下的責任與成長

發現。6 名學法不守法的少年，最終得到的不是畢業證書，而是法院的判決書。

孩子的違法犯罪行為與家長的教育、家庭的環境關係極大。據調查，很多家庭不懂得如何教育孩子，管教無方，法制教育更談不上；對孩子百依百順，有求必應，使孩子從小為所欲為；父母心理不健康，自身就缺乏法制意識，甚至家人中就有違法亂紀現象；或者是家人感情不和，父母離異，孩子缺少家庭溫暖。

愛孩子，是每個父母的本能。渴望孩子成器，也無可厚非。但是，良好的願望只有透過正確的教育方法來實現，魯莽和粗野，只會使孩子產生反抗心理，最後走向歧途。

不過，家長們也不必過於恐慌，教育孩子守法其實也是有方法的：

▍打造和諧家庭，家長做守法的模範

一個和樂融融、遵紀守法的家庭，家長及成員水準較高，不僅有利於子女成長，也能有效避免子女違法犯罪。並不是說孩子不法行為的責任全在家長，但是孩子發展到違法的地步，家長總是有責任的。

家長及主要成員必須以遵紀守法的模範行為做子女的表率，應以良好的家風薰陶子女。在家庭內部也要守法，如對孩子私人信件和日記不要拆開看等等。

▋要以健康的思想、品行和適當的方法教育子女

要關心孩子心理、意志和品格的培養，引導他們進行有益身心健康的活動，預防和制止孩子吸菸、酗酒、流浪以及聚賭等。據調查，目前在輔育院的違法犯罪青少年中，大部分都是與竊盜、毒品和詐欺有關。所以家長尤其要注意防止不良思想對孩子的影響，教育孩子並採取相應措施防止孩子接觸相關人事物，保護孩子的心理健康。

▋防止和改正子女的不良交往

不良交往是導致孩子後進甚至違法犯罪的一個重要因素。不良交往對象會相互影響、交流、傳授不良行為，甚至教唆違法行為。據有關部門對違法犯罪青少年犯罪動機的調查顯示，青少年由朋友的慫恿、「激將」引發犯罪的比例最大，約占三分之一。因此，家長要特別注意引導子女多交些品學兼優的朋友，發現有不良交往要採取適當的方式干涉，斷絕他們往來，尤其對與社會上不三不四的朋友的交往，更不能掉以輕心。

▋配合社會進行法制宣傳教育

家長要主動及時地配合社會的法制教育和執法實踐，如社會上開展的嚴厲打擊重大刑事犯罪的活動、報刊上關於違法犯罪的典型事件及執法過程的報導、家庭周圍出現的違法事件、孩子接觸到的包括影視或耳聞目睹涉及法律問題的事件等等。家長應利用這些資料，採取通俗易懂、生動形象、孩子們喜聞

第五章　人格養成：規矩下的責任與成長

樂見的形式具體地宣傳法律知識。

同時注意把法制宣傳教育與道德教育結合起來，與公民的權利和義務教育結合起來，把自覺守法與法律制裁的教育結合起來，培養子女的法制觀念和守法習慣。讓孩子學會按照法律的要求去分析、判別各種社會現象，從而決定自己贊同什麼，反對什麼。

介紹和講解法律知識

有條件的家長可以有針對性、有選擇或較系統地向子女介紹法律知識，講解法律條文，例如《憲法》、《國民教育法》、《兒童及少年福利與權益保障法》、《環境基本法》、《社會秩序維護法》、《道路交通管理條例》、《刑法》等相關內容，從而使孩子掌握一點法律知識，認清什麼是合法的什麼是非法的，了解什麼該做什麼不該做。

總之，孩子小，接受新事物能力強，正是進行法制知識教育的適當起始時機，使孩子從小養成學法、知法、守法的好習慣，長大後，他就會成為一名合格的乃至優秀的公民。

第六章
讚美與批評：父母的正確態度

—— 替孩子立規矩，讚美和批評必不可少

第六章 讚美與批評：父母的正確態度

表揚對了，不立規矩也有好習慣

孩子的成長需要父母的鼓勵，但在現實生活中，不知從何時起，父母開始對孩子進行模板式讚揚，脫口而出這樣的萬能句：「你真棒」、「你好聰明」、「加油哦」、「好好做」……諸如此類，我們輕車熟路，又萬事大吉。

其實，這類表揚語言有時已經成為習慣性反應，為表揚而表揚，僅僅是對孩子空泛的評價和判斷，具體哪方面棒、如何去做，卻隻字未提，容易顯得不夠真誠，所以不能引起孩子的共鳴，根本發揮不了激勵的作用。這樣的表揚多了，對孩子的健康成長毫無意義，甚至會適得其反。學會正確地表揚孩子，能讓媽媽在給孩子立規矩的過程中事半功倍。

比如，孩子很興奮地跟媽媽說：「媽媽，我這次考了 100 分！」媽媽也高興地回應道：「真棒！你真是太聰明了！」其實，媽媽這句話傳達出來的潛臺詞是：你考了 100 分是因為你聰明；而如果你考不好，則是因為你笨。孩子也會因此給自己打上「我很棒」、「我聰明」的標籤，接下來，為了繼續得到「很棒」、「聰明」的評價，就只會選擇做自己有把握的事，上進心也會慢慢消失了。

這種情況下，如果媽媽給予如此回應：「太棒了！媽媽真為你高興！你的努力都是值得的，下次也要再接再厲啊！」即

讓孩子把學習成果與態度和方法連繫起來，也就是「誇努力，不誇聰明」，就高明多了。

海姆．吉諾特是一位臨床心理學家、兒童治療專家，他在一本書中記錄過這樣一個案例：

一個12歲的小女孩正在玩遊戲，剛玩到第三關，她爸爸對她說：「妳太聰明了！妳配合得真棒！妳是個專業級玩家了！」可是爸爸剛說完，女孩突然就不想玩了。她說：「爸爸覺得我是個很棒的玩家，但我能玩到第三關是運氣好，如果是靠我的努力，我可能連第二關都到不了，所以我最好還是別玩了。」

「當我們誇孩子聰明時，等於是在告訴他們，為了保持聰明，不要冒可能犯錯的險。」史丹佛大學著名發展心理學家卡蘿．德威克如是說。所以，這位爸爸言過其實的不當表揚不僅沒有鼓勵女兒繼續挑戰更困難的任務，反而促使她選擇了放棄，因為在爸爸誇張的讚美下，她失去了抵抗不完美的能力，拒絕挑戰，害怕自己不能夠表現得像個「專業玩家」，會失去「聰明」的評價。

最近，身邊的朋友都在討論怎麼誇孩子最有效。比如：誇具體不誇全部，「謝謝你幫媽媽掃地」比「好孩子，你真棒」強；誇事實不誇人格，「摔倒了都沒哭，真棒」比「真是好寶寶」強……

第六章　讚美與批評：父母的正確態度

　　孩子表現好，若父母誇得具體，誇他努力，孩子懂得了，下次還會這樣做；若父母誇得籠統，誇他聰明，孩子要麼容易以為「天生聰明、不需要再努力」，要麼在下次失敗後會深深地懷疑自己的能力。所以，誇孩子，有講究，值得為人父母者注意。

　　當我們在日常生活中遇到孩子表現優異，按捺不住地想脫口而出「你真棒」、「你好聰明」時，不妨借鑑一下美國小學老師制定的這份關於表揚的「話術清單」，從中挑一句來替換掉吧！

　　1. 你剛才很努力啊！—— 表揚努力

　　2. 儘管很難，但你一直沒有放棄。—— 表揚耐心和堅持

　　3. 你做事情的態度非常不錯。—— 表揚態度

　　4. 你在 xx 上進步了很多！—— 表揚細節

　　5. 這個方法真有新意！—— 表揚創意

　　6. 你和同伴們合作得真棒！—— 表揚合作精神

　　7. 這件事情你負責得很好！—— 表揚領導力

　　8. 你一點都不怕困難，太難得了！—— 表揚勇氣

　　9. 你幫某某某完成了他的任務，真不錯！—— 表揚熱心

　　10. 你把自己的房間／書收拾整理得真好。—— 表揚責任心和條理性

11. 我相信你能做到，前幾次你說話都算數。── 表揚信用

12. 你今天參加活動時表現得很好！── 表揚參與

13. 你很重視別人的意見，這點做得非常好。── 表揚開放虛心的態度

14. 真高興你做出這樣的選擇。── 表揚選擇

15. 你還記得這些事！想得很細緻！── 表揚細心

高段位的表揚，才能帶來積極的能量。快來發現孩子的優點，給出一個誠懇的、具體的、鼓勵滿滿的讚美吧！

孩子和你唱反調，可能是在「求稱讚」

亨特媽媽最近因為兒子的壞毛病頭痛得厲害。不知道從什麼時候開始，亨特經常忘記把牙刷放到杯子裡，每次刷完牙，他總是順手就丟在洗手臺上，既不衛生也不整齊。

「亨特，你怎麼又把牙刷扔在外面了，我不是告訴過你，牙刷用過後要放到杯子裡嗎？」從廁所傳出了亨特媽媽的喊聲。

亨特正在玩自己的玩具，聽見了媽媽的話就隨口應付說「知道了」。亨特媽媽見兒子並沒有認真聽她說話，打算再強調一下，以鞏固效果。

第六章　讚美與批評：父母的正確態度

「亨特，你過來一下。」

「幹嘛呀？」亨特很不情願地放下玩具走了過去。

「把牙刷放到杯子裡去！」

亨特很快放好，轉身就走了。

「以後記住了！」

「知道了！」

第二天，亨特把牙刷放到了杯子裡，還特意擺了擺位置，但是媽媽沒有注意到這個小細節，她把兒子擺牙刷的事看成了一件很正常的事情。媽媽的表現令亨特很沒有成就感。

第三天，牙刷又被亨特丟到了洗手臺上。

「亨特，你的壞習慣怎麼老是改不了。看，又沒有把牙刷放到杯子裡，怎麼搞的？」媽媽生氣地說道。

「我以為妳不記得了。」亨特有點賭氣地說。

「什麼叫『我不記得了』？」媽媽不解地問。

「因為昨天我的牙刷是放在杯子裡的，妳什麼也沒有說。」

這個例子讓我想起了曾在一本書上看到的一件事：一位家長由於孩子吵鬧不休而火冒三丈：「你們就不能安安靜靜地玩一會兒嗎？」孩子答道：「我們當然能，只不過我們安靜的時候你根本沒注意罷了。」是啊，為什麼父母對孩子的缺點、退步如此敏感，立刻做出反應，而對他們的優點、進步卻這樣麻木，不加注意、不加讚許呢？

孩子和你唱反調，可能是在「求稱讚」

只要孩子有進步，哪怕很小，父母也應該及時表揚。當孩子意識到自己存在的問題，下定決心改正時，父母一定要細心觀察，及時鼓勵，給予充分的肯定，絕不能無動於衷，視為理所當然。這樣會挫傷孩子的積極性，他們會覺得父母對自己的進步漠不關心，認為自己的努力白費了。久而久之，孩子就會失去成就感。

青少年都有強烈的表現欲望，想讓別人了解自己，看到自己具備的能力。當他們表現良好、做出成績或者取得進步時，是十分希望得到肯定和讚許的。這個時候，他們幾乎將所有的精力和期待都放在了這件事情上，所有的興奮點也全部集中到了這件事情上。如果父母能及時發現，並予以表揚，孩子要求進步的動機就會得到強化，心理就會得到滿足。

表揚孩子的正性行為比責備他們的負性行為更有效。當孩子有了改正錯誤的意願時，除了讚賞和鼓勵外，父母還需要多一些耐心和寬容，不要用懷疑的態度來對待孩子的承諾，更不要諷刺挖苦。

所以，父母要經常注意觀察孩子的言行，一旦發現孩子做出良好的行為時，就及時給予表揚，使孩子的良好行為成為「習慣」，尤其是對於那些膽怯、缺乏信心的孩子，更應經常、適時表揚他們的行為。

著名兒童教育家陳鶴琴曾說過：無論什麼人，受激勵而改

第六章　讚美與批評：父母的正確態度

過，是很容易的。受責罵而改過，是不大容易的，小孩子尤其喜歡聽好話，而不喜歡聽惡言。

此外，父母及時的鼓勵也可以培養孩子的「自強心」。什麼是「自強心」？就是在自尊心初步形成後（相對短的時間內），能夠在邏輯思維基本結建構立期和豐富成長過程中，透過「比較心理」，在資訊環境中呈現出更為強烈的「被重視性邏輯思維」外在表現的過程。

3歲半的曉曉很認真地畫了一幅畫。

曉曉：媽媽，妳看看我畫的這個房子！

媽媽：媽媽正忙著呢，讓爸爸看看吧。

曉曉：爸爸，過來一下，看我畫的畫。

爸爸：爸爸正在畫圖紙，畫完就去看！寶貝先自己看書吧！

曉曉撇著小嘴，非常失望地盯著自己的那幅畫。

曉曉最近對畫畫非常感興趣，當她滿懷期待地把自己的新作品給爸爸媽媽欣賞時，因為沒有得到自己想像中的鼓勵或者肯定而悶悶不樂，這就是曉曉的「自強心」受到一定傷害的表現。

曉曉的父母也許不知道，他們無意間失去了一次增強曉曉「自強心」的良好時機。經常性地這樣應付孩子，容易使孩子

的「自強心」喪失，也就更談不上對「自強心」的良好培育了。所以，當孩子主動呈現出「自強心」的表現時，父母一定要給予及時、適當的鼓勵。

曉曉：媽媽，你看看我畫的這個房子！

媽媽（認真觀看作品之後）：曉曉畫得好棒啊！紅色的三角形屋頂、黃色的正方形窗戶，還有圓形的門。曉曉會畫這麼多圖形了呀？

曉曉：當然了，我是很優秀的哦！

媽媽：曉曉真厲害！爸爸，快來看我們曉曉新畫的畫，顏色好豐富哦！

其實，我們可以感受得到，當孩子在某一方面有積極變化或努力表現的時候，來自外界的及時肯定和讚美會讓孩子感覺是真誠的，而且是有力量的。最重要的是，他在積極變化這個方向找到了力量，那麼孩子就會越來越好。

「戴高帽」法立規矩，給孩子向上的理由

人在一種良好的期望中生活，經常聽到期望的語言，就會變得非常自信。這時候心理和生理都會調整到一個積極、活躍的狀態，真的就能如自己所期望的那樣達到一個個目標。因

第六章 讚美與批評：父母的正確態度

此，每位家長對孩子都要有一個好的期望，適當地給孩子「戴高帽」就是一種很有效的方法。這個「高帽」並不是虛假的表揚和一味的護短，而是「預支」表揚，為孩子的行為指明目標和希望，增強其信心。

當孩子猶豫要不要把零食和媽媽分享時，媽媽故意說他是個大方的好孩子，得到了鼓勵的孩子很可能就會因此而變得更大方。有時家長不用直接鼓勵，而是透過跟別人談話來讚揚孩子，讓孩子「不小心」聽到對他的讚揚，這樣的「高帽」增加了很多真實感，不僅讓孩子更加樂於接受，同時也能增強他的行動力。

小櫻生活在一個相對民主的家庭。她的父母都是大學老師，雖然平時對她的要求比較嚴格，但在家庭生活中，父母尊重小櫻的意見，也十分重視對她各個方面的培養。在小櫻剛讀國一的時候，媽媽就任命她為「家庭管家」，讓她幫忙管理家庭事務，參與家庭決策。

過年前，家中的三位成員都想添置新東西。媽媽想買雙新鞋子，爸爸想買臺新電腦，而她想買支新手機，三人各抒己見。

「我也覺得三個人的願望都滿足是最好的，但以我們家目前的經濟情況，這樣做的話接下來就可能要過一段拮据的日子了。」媽媽說。

「是啊,我們都明白。」爸爸和小櫻一致說。

「那怎麼辦?還是讓我們的『家庭管家』來決定吧。我相信她是一個懂事的孩子,一定會做出正確的決定。」

小櫻聽後,想了很久,最終做出了決定:「還是先幫媽媽買鞋子吧,否則冷到了怎麼辦?健康第一啊!之後,可以幫爸爸買電腦,爸爸的工作需要它,然後再買新手機給我。」

聽到女兒的決定,父母由衷地感到高興。

與成人一樣,孩子也喜歡聽到讚美的話,希望得到認可,在一定程度上甚至更喜歡有人能為他「戴高帽」。小櫻的父母給了她一個「家庭管家」的頭銜,並且能經常為她創造管理家庭事務、參與家庭決策的機會。在小櫻看來,這不僅是父母尊重自己話語權的表現,也是父母對自己能力的肯定和信任,所以她很樂意接受父母的任命,並且在處理問題時能從「家庭管家」的身分來思考和做出決定。

此外,小櫻在擔任家庭管家的同時,還體驗了管理家庭事務、協調家庭成員利益的不易,從而能更好地體會到父母持家的艱辛和難處。另外,在這個過程中,她不僅增強了自信,而且各方面的能力也得到了一定程度的培養和提高。

父母根據孩子的特點和優勢適當地為孩子「戴高帽」,並不是說父母可以任意地誇大孩子的優點,盲目地進行表揚。而是希望父母能以一種尊重和平等的姿態來對待孩子,突出孩子

第六章 讚美與批評：父母的正確態度

在家庭生活中的重要作用，多給孩子一些施展才華的機會，讓孩子在這個過程中獲得成就感，實現自我價值。

在運用幫孩子「戴高帽」這種方式時，父母首先應該遵循適度的原則。「戴高帽」的讚美方式在一定程度上是對孩子及其能力的肯定，但在表達方式上卻帶有一些誇大的成分。如果頻繁地使用或是經常誇大孩子的表現，孩子就有可能因此而忘乎所以，變得非常驕傲，這對孩子的成長十分不利。

其次，父母應該根據孩子的性格特點決定是否選用這種方式。對於那些內心羞澀、自信心不足的孩子，父母可以適當地使用「戴高帽」的方式，以激起孩子的自信心和成就感，幫助他不斷進步；而對於那些平時就很驕傲、容易自滿的孩子，父母還是少用為妙。

每一次進步都值得表揚

每個孩子都像是一塊璞玉，都有成為人才的可能。但這塊玉是大放光彩還是失去光芒，完全取決於父母的教育。

天天今年讀小學六年級，但他的字一直寫得很潦草，筆畫不清。為了幫助天天，媽媽在徵詢他的意見之後幫他報了一個書法興趣班。剛開始的時候，天天很有耐心，刻苦地練習。可

是過了不久，他的興趣慢慢減弱，在練習方面也遠不如原來專心了。

一天，媽媽見天天正在漫不經心地練習著，問：「兒子，最近感覺怎麼樣，學書法有用吧？」

「有什麼用啊！用毛筆練習真累，我是越來越沒有耐心了。而且毛筆字寫好了未必對鋼筆字有用，我不想學了。」天天說。

媽媽聽完，拿過天天的練習本一看，說：「咦，還真是不錯，字明顯比以前進步了嘛！你最近的作業我也看了，字跡清晰，結構合理，比以前好多了，你怎麼說沒用呢？」

天天聽後，雖然有些懷疑，但心裡卻十分高興，一下子又找到了學習的熱情。

很多父母因為對孩子要求過高而難以看到孩子的細小進步，甚至當孩子沒有達到自己理想的標準時就全盤抹殺孩子的進步，這其實是非常錯誤的做法。事實上，孩子的進步是階段性的，家長應該充分明白並理解這點，給孩子充足的時間，賞識孩子的每一個進步。只要孩子比原來進步，就及時給予孩子肯定和讚揚，這對孩子來說是一種很大的鼓舞，會讓他在進步的道路上不斷前行。

家長不妨對孩子說：「你每天都在進步。」這句話對於成長中的孩子來說，尤其對那些調皮的孩子來說，是一種積極的

第六章　讚美與批評：父母的正確態度

鞭策。要知道，孩子受到什麼樣的對待，就會變成什麼樣的人。受到的是能喚起孩子積極情緒的鞭策語言，他就能夠感受到一種寬容和助力，並表現出意想不到的進步。所以，如果家長想改變孩子，就應該不斷地往孩子的「大腦資料庫」中輸入積極的「程式設計」。

父母學會欣賞自己的孩子，及時賞識孩子的每一個進步是非常必要的，但在這個過程中，如下的一些問題也是父母應該多加注意的：

▍父母要始終保持一顆寬容的心

在日常生活中發現孩子的優點，包容孩子的缺點，當孩子在課業和生活中取得進步，哪怕是很小的進步時，父母也應該多肯定和表揚。在表揚孩子的進步時，父母也不要盲目而廣泛地讚賞。最好能根據孩子的表現，進行具體的、有針對性的表揚。

▍父母隨時都要看到孩子的進步

在孩子表現不好、遭遇挫折、感到沮喪的情況下，千萬不要打擊孩子的信心和積極性，而應該理解孩子的不佳表現，安慰孩子的不良情緒，這會幫助孩子重建信心，收穫勇氣。

金星的成績在班上總是墊底，老師和同學們總是瞧不起金星，金星自己也放棄了。可是金星的媽媽卻一直不放棄，堅持

鼓勵孩子。

「金星，你能做到每次都進步一個名次嗎？這次是倒數第一，我只要求你下次考倒數第二就可以了。」

金星在媽媽的鼓勵中，一點一點地進步著。等到五年級期末考試時，已進步為班級倒數第 11 名。可是升上六年級後的第一次考試，金星又考了倒數第一，金星非常沮喪。

「不要這樣沮喪，你看你這次的數學成績可是考了一個前所未有的高分哦。」媽媽對金星說，「不要放棄，下一次你可以考得更好。」

就這樣，金星在媽媽的鼓勵下重新獲得了信心。等到六年級期末的時候，他的成績已經屬班上的中等水準了。

父母日復一日地對孩子的細微處進行鼓勵，孩子也在不斷地提高他們的能力。孩子發現他可以把雜亂的屋子收拾乾淨，他能動手做一個禮物送給別人，他能寫出感人的詩篇等。所有的這些經歷，都會慢慢地累積在他的心中，沒有人能奪去，都可以在今後受到挫折和感到困惑時，帶給他安慰和鼓勵。我們相信，沒有孩子天生是一塊毫無光芒的石頭。只要父母留心孩子的每一次細小的進步，並用一種賞識的眼光去看待孩子，及時鼓勵孩子，孩子這塊玉總會有大放光彩的一天。

第六章　讚美與批評：父母的正確態度

過度謙虛，孩子不想聽

有一次，我帶著 3 歲的兒子小小費在樓下玩，遠處走過來一個牽著寶寶的中年婦女。她女兒在外地工作，孩子就只能由老人照顧著。孩子叫亮亮，比小小費大 1 歲。亮亮的外婆拿著畫板，看起來是要帶孩子上課去。

我帶著小小費走上前打招呼：「亮亮要去哪兒呀？」

亮亮的外婆回答：「帶他去上美術課。」

「讓小小費看看哥哥畫的畫，好嗎？」我輕聲問。

亮亮的外婆遞過畫板。畫面上是一個紅色小屋，裡面手拉手站著三個人，滿滿的童趣。

「我猜，亮亮一定是想爸爸媽媽了，是嗎？」我看著畫說，「構思好巧妙，顏色也豐富，畫得真好！」

當亮亮帶著些許得意的小表情想要搭我的話時，他外婆連忙擺手：「一般般吧，孩子嘛，有個愛好就可以了，也沒指望成為畫家。幫他找點事情做，隨便畫畫吧。」

亮亮的外婆說這話的時候，亮亮的大眼睛黯淡下去，不說話也不再讓我欣賞他的作品，扭捏著躲到外婆後面，也不看我們。

我連忙打圓場：「畫得挺好的，亮亮真棒，加油啊！」

亮亮和他外婆的身影消失在遠方。我心裡不時浮現出亮亮

那張失望的小臉和悄然黯淡的眼睛。得到了他人的讚美，卻得不到外婆的認可。可見，亮亮當時的內心有多受傷！

我們在生活中或許會發現這樣一個現象：帶著孩子上街、逛商場玩耍時，身邊的人總會誇自己家孩子兩句，有誇外表可愛的，有誇聰明活潑的，有誇才藝出眾的，有誇懂事乖巧的等，五花八門的誇獎總是能令小朋友兩眼放光，卻總會迎上父母的一番委婉而謙虛的客套話。

大多數家長認為，孩子不能多誇，要謙虛一點，要收斂一點，這樣才不會驕傲。所以，面對其他人的誇讚，他們經常會給予謙虛的回答，過於否定自己的孩子。「不行」、「差遠了」、「普通」、「勉強」等字眼，總是會成功地熄滅孩子滿滿的自信，在孩子渴望被讚揚的內心潑上一盆涼水。

長久下去，孩子就會信以為真，認為自己無論怎麼努力都還只是「普通」、「不太好」、「差得遠」的狀態，就會因此而否定他們自己，從而形成一種自卑，這種影響對孩子是一輩子的。

其實，孩子有著很強的自尊心，他們都希望獲得讚揚，不希望被批評，特別是不希望在眾人面前被批評。所以，對於他人的稱讚，如果你認同，就可以真誠地回一句「謝謝」，適當地附和一下對方的讚賞；就算你不認同，也不要當面糾正，更不能當面說孩子的缺點。

第六章　讚美與批評：父母的正確態度

上文中亮亮的外婆如果回答：「這段時間他畫畫比之前更努力了，看起來有進步了！」用描述進步的語言替代「過度謙虛」，就會帶給孩子足夠的信心和勇氣，鼓勵他去迎接更大的挑戰。

有一種反感，叫「別人家的孩子」

小時候，爸媽口中的「別人家的孩子」是我們特別討厭的一個人，帶給我們不小的壓力。如今成為父母的我們，是不是也繼承了曾經厭惡至極的「光榮傳統」，經常向我們的孩子發起「別人家的孩子」的攻擊，不厭其煩地要求孩子向「榜樣」學習？是不是背棄了曾經許下的「將來我的孩子，一定不讓他去和別人家的孩子做比較」的誓言？

珞珞：「媽媽，我這次國語考了 95 分！」

珞珞媽媽：「很好，但是不要驕傲哦，優秀是沒有止境的。妳看隔壁軒軒就一直很穩定，總是 98 分以上。」

可能，在珞珞媽媽看來，這種「激將法」、「打擊式教育」不僅能夠激勵珞珞奮勇向前，而且能夠防止她驕傲自大，不思進取。實際情況呢？「別人家的孩子」在每一個孩子的心裡都是魔咒一樣的存在，讓孩子壓力重重。珞珞聽到媽媽這句話時，更多的是沮喪、是氣餒：我已經很努力了，還是沒有軒軒成績好，

有一種反感，叫「別人家的孩子」

可能是我真的太笨了。這會直接導致珞珞越來越不認可自己。

高 EQ 的父母絕不會藉「別人家的孩子」來打壓自己的孩子，他們認為，孩子是需要鼓勵的，他的每一個細小變化、每一點輕微進步都應予以及時肯定，因為這裡面包含的是小小的他的堅持和努力。「哇，真棒！我就說嘛，沒有學不好國語的孩子！只要打牢基礎，每天練習閱讀，一定會越來越好的。」如果珞珞媽媽這麼回應珞珞，是不是更好呢？

曉嵐的媽媽和佳佳的媽媽是好朋友，因為兩家人住在同一個社區，所以，兩個孩子從小就在一起玩耍、一起上學，形影不離，關係特別好。可是，自從上了國中以後，兩個孩子的關係就變得有些疏遠了。原來，這是因為曉嵐的成績特別好，尤其是國文，她的作文分數總是全班第一，經常被老師當作範文。而佳佳的語文成績卻是班上倒數，她對寫作文極其反感。

佳佳媽媽總是喜歡拿曉嵐和佳佳對比：「妳說妳，從小就和曉嵐一起，妳怎麼就不如人家呢？和班上作文寫得最好的人是朋友，自己作文卻寫得這麼爛，妳不覺得不好意思嗎？」佳佳聽了，心裡特別不舒服：「我數學成績還比曉嵐好呢，妳怎麼不說？」

後來，兩個小朋友在一起玩的時候，佳佳變得越來越自卑，越來越敏感了，總覺得曉嵐也在看她的笑話，背地裡也在羞辱她。慢慢地，佳佳開始對曉嵐疏遠了，總是一個人悶悶不樂地上課下課，放學回家也不再找曉嵐玩了。

213

第六章　讚美與批評：父母的正確態度

每個孩子都有自己的優點和弱點，高 EQ 的父母從來不會用「別人家的孩子」的強項對比自己孩子的弱項。這不僅會損害孩子的自尊心和自信心，還會對孩子之間的友誼產生不利的影響，比如例子中的佳佳，就刻意疏遠了自己的好朋友。其實，佳佳媽媽可以鼓勵佳佳用行動向曉嵐學習，比如：邀請曉嵐來家裡一起寫作文，跟曉嵐討論平時都看什麼課外書等。

「每個自卑的孩子背後都有一個故事，幾乎所有問題都來源於童年時家長對孩子的指責、評判，尤其是比較。你隨口一句『你怎麼就不如人家』發洩了自己當時的情緒，殊不知這句話也許在孩子的心中烙下了深深的陰影。」一位兒童心理教育專家說。

父母與其浪費時間和精力羅列「別人家的孩子」的好來打擊自己的孩子，不如蹲下來抱抱孩子，跟孩子好好說說話、聊聊天，找出原因，提出方法，從而最大限度地去幫助孩子。

最不被牴觸的批評：簡單描述

當孩子做錯事情時，有的父母經常會一次、兩次、三次，甚至四次、五次對孩子重複同樣的批評，覺得批評的次數越多孩子的記憶越深刻。那麼，這些父母一定沒聽說過「超限效應」。刺激過多、過強或作用時間過久，都會引起接受者的不

耐煩或反抗心理,這就是心理學上的「超限效應」。

一次,美國著名作家馬克‧吐溫到教堂聽牧師的募捐演講。最初,他覺得牧師講得很好,令人感動,就準備捐出自己身上所有的錢。過了10分鐘,牧師還沒有講完,他有些不耐煩了,決定只捐一些零錢。又過了10分鐘,牧師還沒有講完,他決定一分錢也不捐。

牧師終於結束了冗長的演講!開始募捐時,馬克‧吐溫由於氣憤,不僅未捐錢,相反,還從盤子裡拿走了2美元。

無論是正面刺激還是負面刺激,刺激過多,神經就會麻痺,相同的刺激就不再具有效果。批評也是相同的道理。過多的批評,會使孩子從最初的內疚、不安到不耐煩,最後反感、討厭。家長對孩子的批評不能超過限度,應對孩子「犯一次錯,只責備一次」。這樣,孩子才不會覺得自己被「揪住不放」,厭煩心理、反抗心理也會隨之減輕。

反覆的批評就如同貼到牆上的「記過簿」,會把孩子的缺點固化下來,使孩子難以和那個缺點剝離開來。被批評的次數多了,孩子的自信心和自尊心就會崩塌。長期負面的話語刺激,會使孩子產生自己就是壞孩子的認知誤導,有可能還會把孩子逼上歧途,使孩子走向犯罪。

有一個男孩,在他15歲的時候進了少年輔育院。人們都認為他是一個很壞的孩子,後來一個記者了解了一下他的成長

第六章　讚美與批評：父母的正確態度

經歷，覺得這個孩子其實很可憐。

起初，這個男孩只是有些頑皮，但是常常受到爸爸的打罵，在班上也常被老師當著全班同學狠狠地教訓、諷刺、嘲笑。慢慢地，他開始處處與老師唱反調，不久就被校長點名批評，回家後他再次被父母打罵。在這樣的惡性循環中，這個男孩最後淪為了罪犯。

「一個孩子在成長中沒有遇到一點愛的溫暖，卻總是遭遇到充滿惡意的批評，試問他怎麼能改掉自己的壞毛病呢？」這個記者在後來的報導中寫道。

事實上，父母對孩子沒有必要有錯必究。孩子的年齡尚小，認知能力、思維水準、自我控制能力有限，犯一些小錯誤是難免的，也是情有可原的。其實，錯誤是否可怕，取決於我們對這個錯誤的認知，當你覺得這個錯誤可怕到無法原諒的程度，那麼你的言行就會變得不可控制，就有可能做出過度的批評，傷害到孩子。

一旦被批評，孩子就會難過，內心就會產生波動。受到重複批評時，他心裡會嘀咕：怎麼老這樣對我？這樣一來，孩子挨罵時的心情就無法復歸平靜，犯錯違規的衝動沒有化解，反而被壓抑，成為一種心理癥結，削弱了孩子的防禦能力，反抗心理就會活躍起來。

為避免這種超限效應的出現，建議家長對孩子的批評要適

度,不要嘮叨起來就沒完沒了。最好是用簡短的語言說出麻煩所在,引導孩子去解決問題。

比利又在看電視,不去遛狗。你覺得爸爸應該怎麼說更有效呢?

A. 遛狗,遛狗,遛狗,我說過多少遍了!每天遛狗,你永遠都記不住,是吧?當初你答應得好好的,我們有了小狗,你要負責每天遛牠。但這星期已經提醒你三次了。你整天都不去遛狗,我和媽媽輪流來幫你弄,都成我們的事了,你就不應該養寵物。

B. 比利,我看見小狗在抓門呢?

我們來看第一種說話方式:長篇大論的指責、批評,和「永遠都記不住」的攻擊性字眼,還要連帶之前沒遛狗的事一起抱怨上,那麼孩子必然會產生牴觸情緒,而不太願意去做自己該做的事。明天、後天、大後天,比利可能依然會忘記遛狗,爸爸依然會嘮叨不斷、抱怨不斷,於是,親子關係變得越來越糟糕。

相反的,如果換成第二種說法,沒有喋喋不休的說教,沒有滿是責備的嘮叨,爸爸只是用人稱代詞「我」,說出了自己看到的事情,而並沒有抨擊比利,這使得比利更能把精力集中在問題本身,而會立刻起身出去遛狗。畢竟對於所有人來說,接受提示比接受譴責容易多了。

第六章　讚美與批評：父母的正確態度

所以，父母在批評孩子時一定要記住，分寸很重要。批評真的不是越多越長就越好，而是越短越容易記住越有效。

說教，越精準越有效

成年人之間說話，有時候會使用一些約定俗成或特定情景下的簡略的表達語句，成年人和大孩子理解起來都沒有問題，可是對於學齡前的小孩子來說，就比較困難了。他們只能理解字面上的意思，而理解不了你話語背後的真實含義。孩子根本沒有聽懂你說的話，當然談不上是一次有效的溝通了。

爸爸和兒子一起走，兒子不想自己走了，張著兩隻手說：「爸爸抱抱，爸爸抱抱！」

爸爸說：「你的腿呢？」

兒子低下頭，看看自己的腿，然後又抬頭張著兩隻手說：「爸爸抱抱，爸爸抱抱！」

爸爸帶著不滿重複：「你的腿呢？」

兒子又困惑地低頭看看自己的腿，然後張著手，帶著哭腔說：「爸爸抱抱，爸爸抱抱！」

很顯然，爸爸所說的「你的腿呢」意思是：你自己長腿了，就要自己走路呀。可是，幼小的孩子根本沒有這樣的理解力和

領悟力，他認為爸爸就是在問「你的腿在哪裡」，於是他低頭看看自己的腿，看到自己的腿還在，就抬頭繼續求抱抱。他真的明白不了，「自己的腿」和「讓爸爸抱」之間有什麼關係。父子倆的溝通完全就是在兩個頻道上。

但是，這能怪孩子嗎？不能！因為過於單純、懵懂無知的孩子真是沒聽懂爸爸在說什麼。怪就怪在爸爸的表達出現了問題，不夠精準。讓一個那麼小的孩子去理解成人規範的語言，不太可能實現。想要孩子聽話，你至少得讓孩子聽懂你說的話吧！

如果例子中的爸爸直截了當地對孩子說：「寶寶也有腿，可以自己走路的哦！」孩子肯定能理解爸爸的意思。所以，父母和孩子講話，注意要從「我告訴了孩子什麼」轉移到「孩子接收到了什麼」，多關注自己的措辭和用語。

我們對孩子說教，首先要保證孩子能夠聽懂我們的說教，如果孩子對於父母的「道理」懵懵懂懂，那麼我們的說教就是無效的，說再多都只是在做無用功。

有一位媽媽，為3歲女兒早上起床拖拖拉拉不勝煩惱，女兒每天上幼稚園都遲到。她說，每次晚了都問女兒：「以後還這麼烏龜嗎？」女兒都會承諾：「以後再也不拖拖拉拉的了！」可是，第二天照舊拖，還是要遲到！

其實，3歲多的孩子，她承諾「不拖拖拉拉」的時候，只

第六章　讚美與批評：父母的正確態度

是為了讓媽媽高興，因為她知道媽媽需要她這樣表態。對於小孩來說，「不拖拖拉拉」是一個非常籠統的概念，她的頭腦中，恐怕並不明確自己的承諾意味著一些什麼樣的行為。

如果，媽媽對孩子的要求是「鬧鐘一響就要穿衣服」，或者「早上不能在家裡玩玩具要直接出門」等這樣一些非常具體的行為，孩子就會明確得多，也知道自己到底該如何做。

其實，很多父母都沒有意識到孩子根本聽不懂你在說什麼，或者說他對父母話語中的一些詞彙完全沒有概念。例子中的「拖拖拉拉」就是這種情況。再比如：孩子想讓媽媽泡牛奶，而媽媽正在洗臉，第一反應會是：「等一會兒，媽媽洗完臉就來。」可是，孩子很難理解「一會兒」是多久，所以他還是會一直叨咕著「我要喝牛奶」。如果父母換一種相對準確的表達方式：「寶寶數到 20，媽媽就來了。」那麼孩子很容易就會理解過多長時間媽媽會來，就不會不停地唸叨了。

所以，父母平時對孩子說話，責備也好，鼓勵也罷，又或者是普通的聊天，一定要考慮到孩子的年齡和理解力，語言越精準越好，這不僅能確保孩子明白你所表達的意思，提升親子溝通的有效性，而且，對於孩子的語言能力和思維能力也是一種很好的培養。

用嘴責備遭反感，那就用紙「說」

在教育孩子這件事情上，父母不能任性，不能想怎麼罵就怎麼罵，掌握技巧、選好方式才是成功教育的第一步！

兒子已經上小學了。老師打電話給媽媽，說兒子最近總是遲到。媽媽沒有責怪兒子，只是溫柔地問他遲到的原因。兒子說他發現在河邊看日出太美了，看著看著就忘了時間。

第二天，媽媽一早就跟兒子去河邊看了日出。她說：「真是太美了，兒子，你真棒！」這一天，兒子沒有遲到。

晚上，媽媽在兒子的書桌上放了一支好看的小手錶。下面壓著一張紙條：

因為日出太美了，所以我們更要珍惜時間和學習的機會，你說是嗎？

愛你的媽媽

有些父母的性格比較暴躁，就像鞭炮，一點就著。看到孩子做錯事情，這類父母就會控制不住自己，一說話就情緒激動，批評傷人的話根本停不下來。等火氣消下去了，又後悔當時不應該那麼咄咄逼人。這種情況下，不妨換一種溝通方式，那就是別說話，給孩子來一個「紙上談兵」——寫便條。

親子溝通專家阿黛爾・法伯在其著作中曾提到這樣一位媽媽：她的櫥櫃上一直放著一疊便條紙和一枝鉛筆，因為，比起

第六章　讚美與批評：父母的正確態度

張嘴三遍五遍地喊孩子做事來說，拿起筆來寫一些便條省力有效多了。寫便條的好處之一就是，不需要再大聲嚷嚷了，父母與孩子之間少了硝煙瀰漫和劍拔弩張。

下面是那位媽媽寫的一些便條：

親愛的比利：

　　從今天早上起，我就一直沒有出去過。讓我放鬆一下。

你的小狗：哈利

請注意：

　　今晚講故事時間：8 點 30 分，歡迎穿睡衣、刷過牙（劃重點：刷過牙）的小孩參加。

愛你們的爸爸、媽媽

有的父母可能會說「我家孩子太小，還不認識字呢」，其實，不必有這樣的擔心。不管孩子認不認識字，都按捺不住他們收到小便條的興奮。因為他們會感受到父母的重視，會覺得便條上的文字神聖而有趣。相信很多父母小的時候也有在課堂上傳小紙條的經歷，也有收到紙條時小心翼翼和竊喜雀躍的心情。

現在很多孩子總是不整理自己的房間，這讓家長非常頭痛。經常是家長嘴皮子都快磨破了，孩子還是一動也不動。「你的房間這麼亂，快點收拾！不收拾我們就不出去玩了！」家長發出的類似這種的包含了命令、否定詞彙的語句，極易

引起孩子的反感。尤其是剛才這種說法，若孩子習慣了「你不 ×× 我就不 ××」的負面語言模式，不僅不利於積極情緒的養成，也會讓他們學會這種句式，與父母討價還價。

對於這種情況，我們可以參照上面那位媽媽的做法，請「便條」做個使者幫個忙！

親愛的＿＿＿＿＿：

你的房間該整理了。需要收拾的地方如下：

1. 床上未摺的被子
2. 地板上的髒衣服
3. 電腦桌上的餅乾屑
4. 窗臺上乾枯的花多謝！

愛你的媽媽

也許有的家長會說，難道這樣做了，孩子就會完全配合嗎？親愛的家長，孩子不是機器人，你不能指望用一種方法或者一套技能去完美解決千千萬萬不同家庭裡不同孩子的不同問題。我們的目的是，找到一種語言、一種方法，建立一種情感的氛圍，在相互尊重的基礎上，在不傷害孩子自尊的前提下，鼓勵孩子與我們合作。

國家圖書館出版品預行編目資料

合作式教養，讓孩子參與「設計」生活規則：缺乏耐心、威權逼壓、偷窺隱私，不要透過「想像」進行對話，每一次的干涉都可能毀滅他！/ 金文 著 . -- 第一版 . -- 臺北市：樂律文化事業有限公司, 2024.12
面；　公分
POD 版
ISBN 978-626-7644-01-0(平裝)
1.CST: 親職教育 2.CST: 子女教育
528.2　　113019262

電子書購買

爽讀 APP

合作式教養，讓孩子參與「設計」生活規則：缺乏耐心、威權逼壓、偷窺隱私，不要透過「想像」進行對話，每一次的干涉都可能毀滅他！

臉書

作　　　者：金文
責任編輯：高惠娟
發 行 人：黃振庭
出 版 者：樂律文化事業有限公司
發 行 者：崧博出版事業有限公司
E - m a i l：sonbookservice@gmail.com
粉 絲 頁：https://www.facebook.com/sonbookss/
網　　址：https://sonbook.net/
地　　址：台北市中正區重慶南路一段 61 號 8 樓
8F., No.61, Sec. 1, Chongqing S. Rd., Zhongzheng Dist., Taipei City 100, Taiwan
電　　話：(02) 2370-3310　　傳　　真：(02) 2388-1990
律師顧問：廣華律師事務所 張珮琦律師
定　　價：320 元
發行日期：2024 年 12 月第一版
◎本書以 POD 印製
Design Assets from Freepik.com